Profile für Kita

Reggio-Pädagogik auf einen Blick

Wolfgang Ullrich / Franz-J. Brockschneider

Profile für Kitas und Kindergärten

Reggio-Pädagogik auf einen Blick

Einführung für Kita und Kindergarten

Wolfgang Ullrich / Franz-J. Brockschnieder

HERDER

FREIBURG · BASEL · WIEN

Das schönste Erlebnis
ist die Begegnung mit dem Geheimnisvollen.
Sie ist der Ursprung jeder wahren Kunst
und Wissenschaft.
Wer nie diese Erfahrung gemacht hat,
wer keiner Begeisterung fähig ist
und nicht starr vor Staunen dastehen kann,
ist so gut wie tot:
Seine Augen sind geschlossen.

Albert Einstein

1. Auflage der vollständig überarbeiteten und erweiterten Neuausgabe
(3. Gesamtauflage)

www.herder.de

Umschlagkonzeption und -gestaltung:
R·M·E München / Roland Eschlbeck, Rosemarie Kreuzer
Umschlagfoto und Fotos im Innenteil: Hartmut W. Schmidt, Freiburg
Innenlayout: Büro MAGENTA, Freiburg

Satz und Herstellung: fgb · freiburger graphische betriebe
www.fgb.de

Gedruckt auf umweltfreundlichem, chlorfrei gebleichtem Papier
Printed in Germany

ISBN 978-3-451-32410-9

Einleitung

Reggio-Pädagogik – dafür stehen heute ca. 35 kommunale Krippen und Kindergärten in der norditalienischen Stadt Reggio Emilia. Unter dem gemeinsamen Dach eines pädagogischen Zentrums entwickeln sie seit einigen Jahrzehnten eine eigenständige Elementarpädagogik, die nicht nur in Deutschland auf großes Interesse stößt.

Reggio-Pädagogik ist eine „Pädagogik des Werdens", die sich in permanenter Interaktion zwischen Erwachsenen, Kindern und deren sozialer und gegenständlicher Um- und Mitwelt entwickelt. Reggio ist keine Erziehungstheorie, sondern eine Erziehungsphilosophie mit einer eigenen, inzwischen mehr als 60-jährigen Geschichte. Viele große und kleine Menschen, Erzieherinnen, Köchinnen, Eltern, Kinder, Reinigungskräfte, Wissenschaftler, Mitarbeiter der Stadtverwaltung von Reggio, Bauern, Bürger, Handwerker, kurz: Menschen in Reggio und um Reggio herum gestalten diese Geschichte aktiv.

Reggio ist kein fertiges Konzept, das man übernehmen und auf die eigene Praxis übertragen kann, sondern die Aufforderung, sich auf der Basis weniger Grundüberzeugungen auf einen offenen Prozess einzulassen. Weil das so ist, gibt es zwar großes Interesse an dieser Pädagogik, was sich in den hohen Teilnehmerzahlen bei Veranstaltungen widerspiegelt, aber eine bisher relativ überschaubare Anzahl von Krippen und Kindergärten, die sich selbst als nach grundlegenden Prinzipien der Reggio-Pädagogik arbeitend verstehen.

Über die Reggio-Pädagogik zu schreiben, wirft in vielerlei Hinsicht Probleme auf. Es gibt kein abgeschlossenes Gesamtkonzept, das in Form eines Standardwerks veröffentlicht wäre und aus erster Hand über die Theorie und Praxis der Kindertagesstätten und Krippen in Reggio informierte. Loris Malaguzzi, bis zu seinem Tod im Jahre 1994 unermüdlicher theoretischer Kopf des Projektes, konnte ein solches Werk nicht mehr vorlegen. Vielleicht wollte er es auch nicht, hat er sich doch zeitlebens gegen Festlegungen und Dogmatisierungen gewehrt und sich lieber von der Lebendigkeit der Kinder, ihrer Kraft, beständig Neues zu schaffen, inspirieren lassen.

Was an Texten aus Reggio vorliegt, sind Übersetzungen aus dem Italienischen, die sich von wissenschaftlichen Veröffentlichungen in deutscher Sprache gravierend unterscheiden. Die häufig verwandten sprachlichen „Bilder“ lassen Raum für vielfältige Interpretationen und Assoziationen; sie beflügeln zwar die Fantasie des Lesers, eine eindeutige Klärung dessen, „was ist“, wird aber oft erschwert. Eine Uneindeutigkeit oder besser eine Mehrdeutigkeit, die vielleicht schon ein Stück Reggio-Pädagogik darstellt.

Auffällig an der Rezeption der Reggio-Pädagogik, sowohl in verschiedenen Publikationen als auch in der Praxis, ist, dass oftmals die Gestaltung der Räumlichkeiten und die künstlerischen Angebote sowie die ästhetischen Produkte der Kinder als zentrales Merkmal in den Mittelpunkt gerückt werden. Im Gegensatz dazu erscheinen uns aber das Verständnis von Pädagogik als Prozess, als gesellschaftliche Aufgabe, als Kommunikation und Kooperation sowie die spezifische Lern- und Bildungstheorie für ein grundlegendes Verständnis der Reggio-Pädagogik bedeutsamer zu sein.

Trotz der beschriebenen Probleme, diesen Ansatz zu übernehmen, sind alle, die auf die eine oder andere Weise mit der Reggio-Pädagogik in Berührung kommen, spontan begeistert und interessiert, mehr zu erfahren, um die eigene pädagogische Praxis zu bereichern. An diesem Wunsch orientieren wir uns bei der inhaltlichen Gestaltung dieser Einführung.

Unsere Ausgangsfrage lautet: Welches Rüstzeug braucht jemand, der beginnen möchte, die Erfahrungen aus Reggio für die eigene pädagogische Arbeit zu nutzen?

Das Wesentliche der Reggio-Pädagogik liegt unserer Auffassung nach in einer ganz neuen pädagogischen Denkweise: einem Verständnis von Pädagogik als einer sich permanent entwickelnden und verändernden Theorie und nicht als fertigem Produkt, das in die eigene Praxis mühelos implantiert werden kann. Wer die Reggio-Pädagogik zur Grundlage seiner Arbeit machen möchte, benötigt also neben der Beschreibung der konkreten Praxis ein Verständnis dieser neuen Denkweise. Deshalb teilt sich das Buch in zwei große Bereiche. Die ersten drei Kapitel, in denen die Geschichte, die gesellschaftspolitische Grundlegung des Pädagogikverständnisses und der Bildungsansatz referiert werden, sind der Versuch, deutlich zu machen, wie sich die Reggio-Pädagogik in einem permanenten Prozess der Diskussion zu dem entwickelt hat, was wir heute vorfinden. Auf dieser Grundlage beschreiben die Kapitel vier, fünf und sechs die unterschiedlichen Elemente der Praxis. Im vierten Kapitel geht es um das Selbstverständnis des Kindergartens und um die Strukturen, die dessen Alltag kennzeichnen. Das fünfte Kapitel beschäftigt sich mit der unmittelbaren pädagogischen Arbeit, d.h. mit Fragen der Projektarbeit, des Spiels und der Dokumentation; das sechste widmet sich den Besonderheiten der Raumgestaltung.

Bevor ein umfangreicher Materialteil mit Hinweisen auf Literatur, Medien, Kontaktadressen etc. das Buch abschließt, diskutieren wir die Frage der „Übertragbarkeit" der Reggio-Praxis auf die deutsche Praxis vor dem Hintergrund der vorliegenden Erfahrungen.

Mit diesem Versuch, Ihnen die Erziehungsphilosophie der Reggio-Pädagogik ein wenig näher zu bringen, verbinden wir die Hoffnung, sie zu ermutigen und anzuregen, sich auf das Abenteuer Kinder und Kindheit neu einzulassen.

Wolfgang Ullrich / Franz-J. Brockschnieder

Die Begriffe Erzieherin/Erzieher und Pädagogin/Pädagoge werden in diesem Buch ebenso synonym gebraucht wie die Begriffe Kindergarten und Kindertagesstätte.

1 Wie alles anfing – eine kleine Geschichte der Reggio-Pädagogik

Anfang des 20. Jahrhunderts entdeckten Bürger und Politik der Emilia Romagna frühkindliche Erziehung und Bildung als entscheidende Voraussetzungen fur die Entwicklung der Gesellschaft. Bereits in den zwanziger Jahren forderten sie die Unterstützung der Familie durch die kostenlose Bereitstellung kommunaler Krippen und Kindergärten. Eine uns heute selbstverständliche, damals jedoch provozierende Forderung, die Aufsehen erregte, war doch die katholische Kirche ausschließlicher Träger von Kindertageseinrichtungen, und ihre religiöse Zielsetzung bestimmend für den gesamten Bereich der Kleinkinderziehung. Trotzdem – und das ist eben italienisch – gab es zu diesem Zeitpunkt bereits vier nichtkonfessionelle Kindertageseinrichtungen. Sie waren die Keimzelle dessen, was heute Laien wie Fachöffentlichkeit als Reggio-Pädagogik begeistert.

In der „Roten Emilia" ist der Kooperativgedanke durch die sozialistisch-kommunistische Tradition, die ihre Wurzeln im Kampf gegen den Faschismus hat, tief verankert. Die Idee solidarischer Verantwortung für das Leben und Arbeiten aller Menschen im Gemeinwesen ist bis heute in den Stadtteilen und in Nachbarschaften spürbar. Bürgernahe Politik ist hier kein Schlagwort, sondern tägliche Praxis. Die Regionalverfassung garantiert allen Bürgern eine ausreichende Versorgung mit sozialen Dienstleistungen in Gesundheitszentren, Beratungsstellen und Bildungseinrichtungen. Doch der Reihe nach.

Italien im April 1945. Der Krieg ist zu Ende. Ort der Handlung: Villa Cella, ein kleines Dorf in der Nähe von Reggio Emilia, heute ein Vorort der Stadt. Bei der Beseitigung der Kriegstrümmer finden Männer und Frauen des Dorfes einen Panzer, den sie mehr oder weniger fachgerecht zerlegen, um die Einzelteile auf dem Schwarzmarkt zu verkaufen. Über die Verwendung des erlösten Geldes entscheidet ein Komitee, in dem sich in einer Abstimmung die Frauen durchsetzen. Ihre Idee: der Bau eines

Kindergartens. Erziehung zu Humanität und Gewaltfreiheit ist ihrer Meinung nach die beste Antwort auf den gerade überstandenen Krieg. Der erste Volkskindergarten *(„asilo del popolo“)*,von Anfang an ein Zentrum für Kinder und Erwachsene, entsteht, kollektiv geleitet von den Männern und Frauen des Dorfes. Zwei Erzieherinnen arbeiten zunächst unentgeltlich. Alle Dorfbewohner tragen durch die Abgabe von Naturalien zur Ernährung der Kinder bei. Intensiv wird die Frage diskutiert, wie eine Erziehung aussehen könnte, die zu einer friedlichen Zukunft beiträgt.

Ein Konzept, an dem man sich hätte orientieren können, gibt es nicht, nur die Bereitschaft der Eltern, in der Erziehung neue Wege zu gehen. Ausgebildete Fachkräfte fehlen ebenfalls. Aus der Not entsteht eines der Prinzipien, die bis heute leitend für die Pädagogik der kommunalen Kindertagesstätten in Reggio sind: Einbeziehung aller für die Erziehung der Kinder relevanten Personen in die konzeptionelle Diskussion, Planung und Realisierung der alltäglichen Arbeit und der Projekte.

Im nahe gelegenen Reggio erfährt ein junger Lehrer von der Initiative der Frauen. Mit dem Fahrrad macht er sich auf den Weg. Begeistert von dem Engagement bietet er seine Mitarbeit an. Sein Name: Loris Malaguzzi. 1970 bis 1985 wird er Koordinator der kommunalen Krippen und Kindergärten in Reggio sein. Bis zu seinem Tod im Jahre 1994 hat er wesentlichen Anteil an der theoretischen Fundierung und weltweiten Verbreitung der Reggio-Pädagogik. Im Rückblick schreibt er:

„Die Frauen in Villa Cella wurden zu den eigentlichen Protagonisten einer neuen Erziehung für Kinder, die bisher nicht in den hohen Schriften der Pädagogik verzeichnet war, weil sie vor allem den Dialog und die Kommunikation in den Mittelpunkt stellte und zusammenfügen wollte, was sonst in den Kindergärten getrennt war, das Kind, seine Familie und seine Umgebung.“ (Malaguzzi zit. nach Dreier 2007, S. 18)

Malaguzzi hatte nach seiner Lehrerausbildung in den vierziger Jahren zunächst an einer Grundschule gearbeitet, war dann an eine Mittelschule gewechselt, deren Leiter er später wurde. 1951 verlässt er den Schuldienst, weil er das Gefühl hat, seine Ideen von Unterricht und Bildung nicht angemessen verwirklichen zu können, und geht in die Erwachsenenbildung. Nach der Schließung der Einrichtung und der Absolvierung eines Psychologiekurses an der Universität Rom gründet er in Reggio ein Zentrum für behinderte Kinder, das dritte in Italien. 1963 nimmt er beratend an der Konzeptentwicklung und Einrichtung der ersten kommunalen Kindertageseinrichtung „Robinson Crusoe" teil.

Im Jahr darauf wird eine zweite kommunale Tagesstätte eingerichtet, obwohl die gesetzliche Grundlage dafür immer noch fehlt. Erst vier Jahre später, im Jahre 1968, erlässt die Regierung das Gesetz Nummer 444, das die kommunale Trägerschaft von Tageseinrichtungen für Kinder rechtlich absichert. Im gleichen Jahr findet, angeregt und organisiert von Malaguzzi, der erste Kongress nichtreligiöser Kindertageseinrichtungen in Bologna statt.

Das Jahr 1970 ist für die Entwicklung des Reggio-Konzeptes von besonderer Bedeutung. Die Kommune richtet eine Koordinations- und Beratungsstelle für Kindertageseinrichtungen ein, deren Leiter Malaguzzi wird. Er initiiert die Einstellung von Künstlerinnen und Künstlern sowie eines hauptamtlichen Puppenspielers. Die Koordinierungsstelle mit hauptamtlichen Pädagoginnen und Psychologen wird zum „Motor" der konzeptionellen Entwicklung der Reggio-Pädagogik.

Mit der Verabschiedung des Gesetzes Nummer 1044 ermöglicht der italienische Staat ab 1971 die Einrichtung kommunaler Kinderkrippen. Die Stadt Reggio ist eine der ersten, die von dieser Möglichkeit Gebrauch macht. Von nun an richtet sich die Entwicklungsarbeit auf den gesamten Bereich der öffentlichen vorschulischen Kleinkinderziehung. Ebenfalls im Jahre 1971 findet in Reggio der erste Kongress statt, auf dem der bis dahin erreichte Stand der Theorie- und Praxisentwicklung zur Diskussion gestellt wird. 1972 folgt ein zweiter, an dem sich die Kommune finanziell nicht beteiligt, sondern lediglich einen Saal für die erwarteten 250 Teilnehmer zur Verfügung stellt. Als mehr als 900 Interessierte anreisen, muss man in das Stadttheater umziehen.

In den folgenden Jahren nutzen die Reggianer immer wieder von ihnen organisierte Fachtagungen, um ihr Konzept einer größeren Öffentlichkeit bekannt zu machen. Diese Bemühungen sind zumindest im Ausland erfolgreich. In Italien selber ist die Resonanz eher verhalten. Nicht selten müssen sich die Reggianer gegen Angriffe konservativer Kreise verteidigen. 1976 strahlt der Rundfunk eine sechsteilige Vortragsreihe aus, in der das Konzept massiv angegriffen wird.

Ungeachtet dessen ist die Aufmerksamkeit von Erzieherinnen und Wissenschaftlerinnen weltweit geweckt. Allein und in Gruppen reisen sie nach Reggio, um sich vor Ort zu informieren. Um diesen Wunsch nach weiteren und differenzierteren Informationen zu erfüllen, entwickeln die Reggianer eine Ausstellung, die seit 1981 um die Welt reist. Im Mittelpunkt stehen die kreativen Arbeiten von Kindern der städtischen Tageseinrichtungen. Über diese Wanderausstellung ist die Reggio-Pädagogik auch in Deutschland populär geworden.

1985 übernimmt Carla Rinaldi die Leitung des sogenannten Pädagogischen Zentrums, nachdem Malaguzzi in den wohlverdienten Ruhestand getreten ist. Der Ausbau des Reggio-Konzepts wird systematisch vorangetrieben. 1991 erfolgt dann eine erste, für alle sichtbare internationale Würdigung der Entwicklungsarbeit. Die amerikanische Zeitschrift „Newsweek", vergleichbar dem deutschen Nachrichtenmagazin „Spiegel", zeichnet die Kindertagesstätten der Stadt Reggio als weltbeste Einrichtungen aus. 1996 reagiert die italienische Regierung auf das inzwischen weltweite Ansehen des Konzepts. Das Erziehungsministerium beschließt, ein nationales Forschungs- und Dokumentationszentrum zur Reggio-Pädagogik aufzubauen. 2006 wird das Loris Malaguzzi International Centre in Reggio eröffnet.

Was 1945 als Initiative einer kleinen Dorfgemeinschaft begonnen hat, ist zu einer Idee von Elementarpädagogik herangereift, die national und international für Aufsehen sorgt.

2 Veränderungsprozesse brauchen ein Fundament – grundlegende Annahmen der Reggio-Pädagogik

2.1 Pädagogik als Prozess

„Reggio ist kein Modell" – auf den ersten Blick überrascht diese Überschrift eines Artikels von Hans-Joachim Laewen (Laewen 1998), der sich mit der Reggio-Pädagogik beschäftigt. Ist es denn nicht beispielhaft, was in den Kindertagesstätten von Reggio an pädagogischer Arbeit geleistet wird, und sollte in diesem Sinne nicht doch von einem Modell gesprochen werden? Ein Pädagogikmodell, das anderen als Vorbild dienen könnte? Diese Auffassung teilen sicherlich viele Pädagogen, dennoch ist Laewen zuzustimmen. Die Reggio-Pädagogik ist aus zwei Gründen kein Modell im Sinne eines pädagogischen Entwurfs, der bruchlos übernommen werden sollte bzw. übernommen werden kann:

1. Die geschichtlichen und gesellschaftlichen Verhältnisse, die zu den spezifischen Vorstellungen von elementarpädagogischer Praxis geführt haben, sind nicht vergleichbar mit den Bedingungen in Deutschland.
2. Die Reggio-Pädagogik ist ein Gebäude. Aber keines, das als Modell für eine Siedlung dienen könnte. Es gibt nicht einmal einen fixierten Plan, der endgültig den Zustand des Einzelhauses beschreibt. Reggio-Pädagogik ist, um im Bild zu bleiben, eine ewige Baustelle. Einige Eckpfeiler und tragende Wände sind vorhanden, das Haus ist stabil und kann ohne Sorge bewohnt werden. Aber: Wie weitergebaut wird, ist Ergebnis eines offenen Dialogs. Die Reggianer sprechen von der *„esperienza reggiana"* (Malaguzzi 1997, S. 197), von einem Experiment.

„Ich sprach von ‚Pädagogik in der Veränderung', weil Pädagogik keine Pädagogik ist, wenn sie sich selbst nicht verändert, sich nicht anpasst, nicht mit den entsprechenden Mitteln den Veränderungen der jeweiligen Situation gerecht wird und die Kinder, die Erzieher und die Familien nicht verändert." (Ebd., S. 198)

Verändern sich die Bedingungen, führt die Diskussion der pädagogischen Praxis zu neuen Einsichten, sind Veränderungen die Folge. Reggio-Pädagogik ist eine „Pädagogik des Werdens" (Dreier 2007, S. 57) oder eine „experimentelle Pädagogik" (Göhlich 1993, S. 48), deren Gebrauchswert sich immer wieder in der Praxis zu erweisen hat.

Wie verläuft dieser Prozess der ständigen Überarbeitung des pädagogischen Konzeptes? Ausgehend von Basisannahmen, die sich auf die pädagogischen Ziele, das Bild vom Kind, die Zusammenarbeit zwischen allen an der Erziehung Beteiligten und die theoretische Grundausrichtung beziehen, wird das Konzept im Wechselspiel von praktischer Erfahrung und theoretischer Reflexion immer weiter entwickelt. Diese Vorstellungen bzgl. des Theorie-Praxis-Verhältnisses weisen viele Ähnlichkeiten mit den Ideen von Janusz Korczak auf. Enttäuscht durch die Erfahrung, dass sich durch die Anwendung einer „guten" Theorie die Praxis nicht unbedingt verbessern, die „gute" Theorie sich häufig nicht bruchlos in die Praxis umsetzen lässt, zog er die Konsequenz,

„dass der Erzieher jeden Gedanken an einen direkten Anwendungsbezug wissenschaftlicher Theorien auf die erzieherische Alltagspraxis aufgibt. Wissenschaftliche Theorien können nämlich das Handeln des Erziehers gar nicht, wie Berufsanfänger gerne glauben, direkt beeinflussen und gradlinig im Sinne eines kontinuierlichen Fortschritts verbessern. Denn ihre praktische Umsetzung bleibt immer an die besonderen Bedingungen der konkreten Erziehungssituation (…) gebunden." (Korczak zit. nach Kemper 1990, S. 125)

Malaguzzi geht noch einen Schritt weiter, indem er fordert, dass die Theorie bei der Umsetzung nicht nur den Bedingungen der Praxis angepasst werden muss, sondern

„… die Entwicklung theoretischer Konzeptionen und deren institutionelle Umsetzung müssen in engem produktivem Verbund geschehen; davon hängt die in der Praxis erreichbare Qualität der pädagogischen

Arbeit ganz entscheidend ab. Gelingt die angemessene Lösung dieses Problems nicht, führt dies ganz regelmäßig zu den größten Schwierigkeiten.“ (Malaguzzi 1991, S. 21 f.)

Die Erzieherinnen sollen nicht nur Theorien angemessen auf die Praxis anwenden, sondern auf der Basis der praktischen Erfahrungen selbst Theorien entwickeln. Theorieentwicklung und praktische Erfahrungen stehen also in einer Wechselwirkung. Die Theorie dient dazu, praktisches Handeln zu fundieren und die Praxis immer besser zu verstehen, während die praktischen Erfahrungen eine Überprüfung der Theorien erfordert. Dieser wechselseitige Bezug von Theorie und Praxis führt letztlich zur Entwicklung eigener theoretischer Konzeptionen.

Das, was als Reggio-Pädagogik bezeichnet wird, ist also das Ergebnis eines Dreischrittes:

1. Theoretisch angeleitetes Handeln
2. Intensive Praxisreflexion
3. Praxisorientierte Theorieentwicklung

Damit ist eine wesentliche Forderung Malaguzzis erfüllt, nämlich jene, die pädagogische Theorie dort zu entwickeln, wo pädagogisch gearbeitet wird. Durch diese Sichtweise des Theorie-Praxis Verhältnisses erweitert sich die Rolle der Erzieherinnen erheblich. Sie sind nicht nur Anwender von Theorien, die sie in vollem Umfang beherrschen müssen, sondern gleichzeitig Forscher und Theorieentwickler.

2.2 Pädagogik als gesellschaftliche Aufgabe

Erziehung ist niemals neutral. Sie dient entweder der Befreiung oder der Unterdrückung des Menschen (vgl. Freire 1984, S. 13). Diese Aussage von Paolo Freire markiert die gesellschaftliche und politische Bedeutung von Erziehung überhaupt, unabhängig davon, auf welche Weise sie erfolgt. Für die Reggianer ist der Zusammenhang von Erziehung und Gesellschaft ein zentraler Aspekt ihrer pädagogischen Arbeit; Erziehung als gesellschaftliche Aufgabe zu begreifen, bedeutet für sie dreierlei:

- Aufgabe der Erziehung ist es, mitzuwirken an der Entwicklung einer menschenwürdigen Gesellschaft für alle.

- Aufgabe der Erziehung ist es, die gesellschaftlichen Bedingungen und deren Veränderungen in der pädagogischen Arbeit zu berücksichtigen.
- Aufgabe der Gesellschaft ist es, die Erziehung zu unterstützen.

Erziehung muss gerichtet sein auf ein Mehr an Humanität, Demokratie, Solidarität und Frieden. Pädagogik darf sich dieser Aufgabe nicht entziehen und muss so gestaltet werden, dass ein positiver gesellschaftlicher Effekt entsteht.

Die Kinder von heute sind diejenigen, die die Gestalt der zukünftigen Gesellschaft bestimmen werden. Deshalb ist das, was den Kindern heute an Entwicklungs- und Lernchancen gegeben wird, entscheidend für das gesellschaftliche Zusammenleben in der Zukunft. Wenn verschiedene gesellschaftliche Gruppen in die Erziehungsarbeit einbezogen werden, können sich Formen politischer und sozialer Solidarität entwickeln, die zur Wahrung gesellschaftlicher und kultureller Sicherheit einen wichtigen Beitrag leisten können (vgl. Dreier 1994, S. 209). Diese Überlegungen münden in der Reggio-Pädagogik ein in besondere Formen der Zusammenarbeit unterschiedlicher gesellschaftlicher Gruppen mit vielfältigen Kompetenzen und zwar innerhalb und außerhalb der Einrichtungen, die im Kapitel „Organisation heißt Begegnung" näher beschrieben werden. Insbesondere die Zusammenarbeit mit den Eltern bekommt vor diesem Hintergrund eine neue Dimension.

Neben den Interessen und Bedürfnissen der Kinder sind die gesellschaftlichen Bedingungen ein weiterer Ausgangspunkt der pädagogischen Arbeit, insbesondere die Lebensbedingungen der Familien. Darauf hat sich die Arbeit in den Kindertagesstätten einzustellen; gleichzeitig sollte sie das Ziel verfolgen, diese Bedingungen zu verändern. Eine gesellschaftliche Weiterentwicklung durch Erziehung ist allerdings nur zu erreichen, wenn diese als eine Aufgabe der Gesellschaft, d.h. als eine gemeinschaftliche verstanden wird.

„Die Erziehung von Kindern ist eine Sache der Familien, der öffentlichen Einrichtungen und der Gesellschaft. Als solche erfordert sie Solidarität und gemeinschaftliche Antworten, die über rein individuelle hinausgehen." (Malaguzzi zit. nach Dreier 2007, S. 57)

Nach Auffassung der Reggianer muss die Gesellschaft die Erziehung der Kinder als ihre Sache ansehen. Was in den Kindertagestätten passiert, wie sie ausgestattet sind, welche Ziele und Inhalte in der pädagogischen Arbeit verfolgt werden, soll von der Öffentlichkeit mit Interesse und Engagement begleitet werden. Um dieses öffentliche Interesse zu erreichen, werden zum einen die Einrichtungen geöffnet. Sie sollen als Begegnungszentrum für das Gemeinwesen dienen. Diese Öffnung zeigt sich nicht nur in der Architektur, sondern auch in der Offenheit der Mitarbeiter. Zum anderen dient die Gemeinwesenorientierung der pädagogischen Arbeit dazu, das öffentliche Interesse zu wecken. Kindertagesstätten werben um Aufmerksamkeit für ihre Arbeit, Kinder machen durch ihre Präsenz im Gemeinwesen auf sich aufmerksam. Wo immer es geht, wird die Umgebung als Lernfeld in die pädagogische Arbeit einbezogen. Nach Malaguzzi ist es absurd zu glauben, dass die Sozialität der Kinder sich in einer von der Gesellschaft getrennten Kindertagesstätte positiv entwickelt (Malaguzzi zit. nach Göhlich 1993, S. 173).

Die Reggio-Pädagogik erwartet aber nicht nur gesellschaftliches Interesse, sondern auch Verantwortung und Solidarität. Das bezieht sich auf die materielle und personelle Ausstattung sowie die Gestaltung der pädagogischen Arbeit. Diese starke gesellschaftliche Orientierung hat ihre Wurzeln in der Geschichte der Region, die durch das Genossenschaftswesen, den Kampf gegen den Faschismus und eine aktive Frauenbewegung gekennzeichnet ist.

Welche Bedeutung die politische Führung der Elementarpädagogik beimisst, wird deutlich an der hervorragenden finanziellen und personellen Ausstattung seitens der Kommune: Die Stadt Reggio wendet ca. 40 Prozent ihrer Haushaltsmittel für Erziehungs- und Bildungsaufgaben auf, 25 Prozent des städtischen Personals sind in den Kindertagesstätten beschäftigt (Sommer 1999, S. 8).

„Erziehung ist eine produktive Investition und kein Land der Welt kann es sich leisten, auf diese Investition zu verzichten“ (Spaggiari nach Dreier 2007, S. 17).

2.3 Pädagogik ist Kooperation und Kommunikation

Ein Schlüsselwort der Reggio-Pädagogik ist „*insieme*“, was man mit „zusammen“, „gemeinsam“, „beieinander“ übersetzen kann (Göhlich 1993, S. 55). Die so bezeichnete Kooperation ist gekennzeichnet durch den Verzicht auf Hierarchien und eine starke Vernetzung aller Ebenen. Um gemeinschaftliche Strukturen in der Gesellschaft zu stärken bzw. aufzubauen, wird versucht, die Erziehungsarbeit auf allen Ebenen in kooperativer Form zu organisieren.

Hauptdarsteller des Erziehungsprozesses sind nach Malaguzzi die Kinder, die Erzieherinnen und die Eltern. Kooperationen gibt es demnach innerhalb der einzelnen Gruppen, aber auch zwischen Erzieherinnen und Kindern, Erzieherinnen und Eltern, Erzieherinnen und Fachberatung, Erzieherinnen und Künstlern etc. Für Malaguzzi sind die kooperativen Strukturen ein entscheidender Grund für die hohe Qualität der pädagogischen Arbeit in Reggio. Sie führen dazu, dass die Ideen von allen bzw. vielen getragen werden, was wiederum zu Glaubwürdigkeit, Einheitlichkeit und gegenseitiger Unterstützung im pädagogischen Handeln führt. Erziehung wird zu einer gemeinsamen Sache mit dem Ziel, die Welt und sich selbst besser zu verstehen.

Neben der Kooperation spielt in der Reggio-Pädagogik auch die Kommunikation eine zentrale Rolle. Kommunikationsprozesse der Kinder finden eine große Beachtung; es wird versucht, den Kindern immer wieder Möglichkeiten zu geben, sich auf unterschiedlichste Art und Weise – also nicht nur verbal – auszudrücken. Die gesamte Organisationsstruktur der Tagesstätten ist darauf ausgerichtet, Kommunikationsprozesse zwischen Erzieherinnen und Kindern, der Erzieherinnen untereinander und der Erzieherinnen mit den Eltern anzuregen. Räumlichkeiten werden so gestaltet, dass sie kommunikative Prozesse nicht nur ermöglichen, sondern aktiv fördern.

Die Erwachsenen leben vor, wie beglückend gelungene Kommunikation wirken kann, wie bereichernd es für alle ist, Ideen auszutauschen und gemeinsam weiter zu entwickeln, im Gespräch zu Lösungen zu kommen, die alle zufrieden stellen. Malaguzzi geht davon aus, dass sich durch Kommunikation dann gute Lösungen erzielen lassen, wenn Fragen formuliert werden, die viele Schwierigkeiten enthalten. Kennzeichnend sind ferner die Offenheit und die dialogische und diskursive Struktur der Kommunikation. Diskursiv ist Kommunikation dann, wenn die Regeln, nach denen die Kommunikation verläuft, thematisiert und gemeinsam – idealerweise herrschaftsfrei – geklärt werden. Das Dialogische zeigt sich in der Akzeptanz der Andersartigkeit des Gesprächspartners und im gemeinsamen Bemühen, in einem Wechselgespräch den Wahrheitsgehalt eines Sachverhalts herauszufinden (vgl. Kemper 1990).

2.4 Pädagogik beinhaltet Rechte

Über Rechte von Personen nachzudenken, ist ein Ausdruck von Respekt, Achtung und Gleichberechtigung. Ein demokratisches Verständnis von Erziehung zeigt sich darin, dass die Regeln, die im Erziehungsprozess gelten – und dazu gehören auch die Rechte, die man einklagen kann – nicht von den Erzieherinnen festgelegt, sondern gemeinsam erarbeitet werden. Bemerkenswert ist, dass sich die Reggianer nicht nur mit den Rechten der Kinder, sondern auch mit denen der Eltern und der Erzieherinnen beschäftigt haben. Dieses Vorgehen resultierte aus der Überlegung, dass sich Rechte gegenseitig bedingen: Billige ich den Kindern bestimmte Rechte zu, so hat dies Konsequenzen für die Rechte der Eltern und Erzieherinnen. Dies hat nichts mit einer Verrechtlichung der Erziehungspraxis zu tun. Es dient vielmehr der gegenseitigen Verständigung über die Erziehungsvorstellungen. Die formulierten Rechte sind das Ergebnis eines Verständigungsprozesses und dienen als Grundlage für die Kooperation und die pädagogische Arbeit.

Gesteht man Kindern Rechte zu, bekommen sie einen anderen Status. Sie sind nicht mehr Objekte der Erziehung, sondern Subjekte mit eigenen Rechten. Das, was die Erzieherinnen den Kindern an Förderung zukommen lassen, ist also nicht eine Wohltat, sondern die Erfüllung eines Rechts der Kinder. Die Erwachsenen sind nicht mehr Herrscher über Kinder, sondern sie stehen Menschen gegenüber, die ebenso Rechte haben wie sie selbst.

Im Einzelnen werden den Eltern, Erzieherinnen und Kindern folgende Rechte zugestanden (vgl. Sommer 1999 sowie Reggio Children 1998):

Die Kinder haben das Recht,

- ihre Potenziale zu verwirklichen und zu erweitern
- ihre sozialen Kompetenzen zu entwickeln
- ihre Lernbegierde zu befriedigen
- Liebe und Vertrauen zu bekommen
- so akzeptiert zu werden, wie sie sind
- eine eigene Identität auszubilden

Die Eltern haben das Recht,

- aktiv an der Betreuung und Bildung ihrer Kinder teilzunehmen
- in den Gremien mitzuarbeiten
- dialogisch zu kommunizieren

Die Erzieherinnen haben

- das Recht, an der Erarbeitung des Konzeptes mitzuarbeiten
- ein Recht auf Zusammenarbeit
- ein Recht auf Beratung und Praxisforschung

Diese Rechte können nicht erzwungen werden, sie lassen sich vielmehr nur dann verwirklichen, wenn sich eine Beziehung entwickelt, die auf gegenseitiger Achtung basiert. Allerdings sollen diese Rechte nicht nur im Kindergarten, sondern in allen gesellschaftlichen Bereichen realisiert werden. Um dies zu erreichen, muss der Kindergarten eine Vorbildfunktion einnehmen.

2.5 Pädagogik setzt bestimmte Haltungen voraus

Offene Kommunikation, vertrauensvolle, solidarische Umgangsformen, wechselseitige Akzeptanz, Kooperationen auf den unterschiedlichen Ebenen, veränderte Räumlichkeiten, Materialien und Methoden, die Projekte, die neue Sichtweise vom Kind.

All das sind sicherlich wichtige Faktoren für den Erfolg der Reggio-Pädagogik. Aber: Sie wirken nicht durch sich selbst, sondern nur, wenn die Erzieherinnen die erforderlichen Haltungen im Umgang mit den Kindern realisieren.

Erziehung beinhaltet in Reggio nicht nur die pädagogische Arbeit mit dem Kind. Wenn Erziehung als eine wertvolle gesellschaftliche Aufgabe verstanden wird, wenn Erziehung nicht neutral, sondern immer auch politisch ist, wird es unumgänglich, dass die Erzieherinnen eine aktive, offene und kritische Haltung gegenüber der Gesellschaft und der Politik einnehmen.

Kernpunkt ist und bleibt aber die Engagiertheit und die Freude, mit der die Erzieherinnen padagogisch tätig sind.

„Freude ist die Grundlage der Erziehung, und die empfinden wir und können sie in die Kindergärten hineintragen. Diese Botschaft an die Menschen wird wahr- und aufgenommen. Demgegenüber ist es im Bereich der Erziehung unerträglich, wenn Unklarheit über den Sinn der eigenen Arbeit aufkommt. Diese Feststellung ist für Erzieherinnen gewiss schwer anzunehmen; aber sind sie denn Komplizinnen der Melancholie und Traurigkeit?“ (Malaguzzi 1992, S. 23 f.)

Freude und Engagement sind für Malaguzzi die wesentlichen Haltungen für die pädagogische Arbeit. Um ihr Vorhandensein sicherzustellen, ist es notwendig, dass sich die Erzieherinnen bei ihrer Arbeit wohlfühlen. Dies wiederum mag von vielen und zudem subjektiv unterschiedlich wirksamen Faktoren abhängen. Ein entscheidender Grund ist aber sicherlich die Identifikation mit der Tätigkeit. Die Erzieherinnen in Reggio identifizieren sich mit ihrer Arbeit, weil sie in ihr einen Sinn sehen, aber auch weil sie pädagogische Erfolge und Anerkennung erleben und ihre Arbeit theoretisch weiter entwickeln. Sie sind keine Vollzugsbeamten, die ein vorgegebenes pädagogisches Konzept in die Praxis umsetzen, sondern sie sind selbst Mitbegründer dieses Konzeptes.

Anteilnahme, Toleranz, Optimismus, Zuneigung sowie Unbeirrbarkeit und Echtheit der Hingabe sind ebenfalls wichtige Voraussetzungen für ein erzieherisches Klima, das den Kindern die notwendige Sicherheit gibt, um zu forschen, Risiken einzugehen, Fehler in Kauf zu nehmen und eine eigene Identität zu entwickeln.

Das Ziel der pädagogischen Arbeit wird nicht – wie bei vielen Erzieherinnen – darin gesehen, die Kinder zu verändern. Den Reggianern geht es in erster Linie darum, das Kind zu verstehen. Diese verstehende Haltung ist Grundprinzip der erzieherischen Praxis und führt dazu, dass den Kindern mit Achtung, Neugierde, Offenheit, Einfühlung, Geduld, Wertschätzung und Zurückhaltung begegnet wird. Sie bezieht sich aber nicht nur auf die Kinder, sondern auch auf die Kolleginnen, Eltern und auf die Erzieherin selbst und ist deshalb so wichtig, weil

„*jede Vernachlässigung des Kindes in der Erziehung (...) seinen unmittelbarsten Ursprung in der Vernachlässigung des Erziehers durch sich selbst [hat]. Erziehung hat also die beständige Arbeit des Erziehers an sich selbst zur Voraussetzung und zur dauerhaften Begleitung.*“ (Malaguzzi 1992, S. 24)

3 Bildung kann man nicht lehren – das Bildungsverständnis der Reggio-Pädagogik

3.1 Bildungseinrichtung statt Parkplatz: zum Selbstverständnis der Kindergärten

Kindertagesstätten sind nach dem Verständnis der Reggianer keine Parkplätze, auf denen die Kinder für eine bestimmte Zeit abgestellt werden, sondern „Schulen der Kindheit".

Diese Bezeichnung soll zwei Aspekte verdeutlichen:

1. Kinder sollen in den Kindertagesstätten nicht verwahrt werden, sondern sie sollen möglichst viel lernen. In diesem Sinne sind die Kindertagesstätten aus Sicht der Reggio-Pädagogik den Schulen vergleichbar.
2. Einen wesentlichen Unterschied zur Schule sehen die Reggianer aber in der Gestaltung der Lernprozesse: Sie sollen sich viel konsequenter als in der Schule an den Kindern/der Kindheit orientieren.

Der erste Aspekt des Selbstverständnisses scheint auf den ersten Blick genau dem zu entsprechen, was spätestens seit der Veröffentlichung der ersten PISA-Ergebnisse im Jahre 2001 viele Politiker, Wissenschaftler, Eltern und Erzieherinnen (wieder) vehement fordern: Kinder sollen in der Zeit vor dem Schuleintritt nicht nur gut betreut, sondern intensiv gefördert werden. Sowohl in Reggio als auch in Deutschland geht man also davon aus, dass die vorschulische Zeit intensiv für das Lernen genutzt werden sollte und dass Kindertagesstätten daher als Bildungseinrichtungen verstanden werden sollten.

Dennoch bestehen zwischen Reggio und Deutschland und auch innerhalb Deutschlands erhebliche Unterschiede bezüglich der konzeptionellen und praktischen Gestaltung der Bildungsarbeit. So wird die Forderung der Reggianer, Bildungsprozesse an den Kindern zu orientieren, zwar oft begrüßt, aber nicht selten zugunsten der Erfüllung von vorgegebenen Planvorgaben ignoriert. Die Frage, wie und mit welchen Zielen Bildungsarbeit in Kindertagesstätten betrieben werden soll, wird u. a. deshalb konzeptionell und praktisch sehr unterschiedlich beantwortet, weil es in Deutschland an klaren, einheitlichen und verbindlichen begrifflichen Vorgaben fehlt.

Dadurch ist in der aktuellen bildungspolitischen Diskussion um die frühkindliche Bildung der Bildungsbegriff zu einem Containerbegriff verkommen. Alles wird plötzlich zur Bildung. Die Vermittlung von mathematischem und naturwissenschaftlichem Wissen ebenso wie das gezielte Trainingsprogramm zur Sprachförderung, die Förderung der emotionalen Intelligenz oder das Lernen des Lernens. Diese Liste lässt sich beliebig fortsetzen. Die Verlage übertrumpfen sich in der Produktion von Bildungsmaterialien und versprechen den Erzieherinnen beim Einsatz ihrer Materialien – auch unter widrigen institutionellen Bedingungen – optimale Bildungserfolge.

Nicht zuletzt haben die von allen Bundesländern in den Jahren 2003 bis 2007 entwickelten Bildungspläne aufgrund ihrer Unterschiedlichkeit und der teilweise fehlenden theoretischen Fundierung mit dazu beigetragen, dass die Bildungsarbeit in den Kindertagesstätten oft einem Flickenteppich gleicht.

Anders in Reggio. Hier hat man über Jahrzehnte einen bildungstheoretischen Ansatz, der die praktische Arbeit in allen Einrichtungen prägt, entwickelt. Bildung stellt in Reggio nicht eine zusätzliche Aufgabe neben anderen Aufgaben dar, sondern die Arbeit in den Kindertagesstätten wird grundsätzlich und durchgehend als Bildungsarbeit verstanden. Von der Raumgestaltung über die Rolle der Erzieherin bis zur konkreten Gestaltung geplanter Lernangebote basiert die praktische Arbeit auf diesem Konzept, das – wie bereits dargelegt- ständig weiter entwickelt wird.

Von welchen bildungstheoretischen Grundüberlegungen die Reggianer ausgehen, wird in den folgenden Abschnitten beschrieben.

3.2 Die Doppelbedeutung des Bildungsbegriffs Bildung als Ziel und Prozess

Der Begriff „Bildung“ weist zwei Besonderheiten auf:

1. Er ist außerhalb des deutschen Sprachraums kaum bekannt. Nur in wenigen Ländern wird zwischen Erziehung und Bildung unterschieden.
2. Er wird sowohl zur Bezeichnung eines Ziels als auch zur Bezeichnung der Prozesse, die zu diesem Ziel führen, herangezogen. Nicht immer wird in den bildungspolitischen Diskussionen dieser Unterschied klar benannt.

Bildung als Ziel

Was ist das zentrale Ziel der Arbeit in Kindertagesstätten, die sich als Bildungseinrichtungen verstehen? Die kurze Antwort lautet: Bildung. Wann aber ist ein Kind als gebildet zu bezeichnen? Kann ein Kind überhaupt gebildet sein? Ist ein solches Ziel nicht erst nach der Beendigung der Schulzeit oder gar eines Studiums erreichbar? Die Antworten auf diese Fragen hängen davon ab, was unter Bildung im Sinne eines Zielbegriffes verstanden wird.

In der Alltagssprache wird der Begriff der Bildung oft mit dem Begriff des Wissens in Beziehung gesetzt. Als gebildet gilt jemand, der viel oder als wesentlich anerkannte Dinge weiß.

Nun ist die Reggio-Pädagogik weit davon entfernt, die Vermittlung von Wissen gering zu schätzen, aber das Wissen stellt für sie nicht den Kernpunkt der Bildung dar. Der Bildungsbegriff der Reggio-Pädagogik weist viele Gemeinsamkeiten mit dem neuhumanistischen Bildungsbegriff auf, wie er von W. von Humboldt (1767–1835) entwickelt wurde. Für W. von Humboldt war der Mensch nur als Individuum denkbar. Das eigentlich Menschliche ist die Individualität. Da jeder Mensch verschieden ist, ist auch das, was Menschsein ausmacht, nach seiner Auffassung nicht allgemein festzulegen. Wozu der Mensch bestimmt ist, lässt sich nur für jeden einzelnen Menschen beantworten.

Aus dieser Grundüberlegung leitet W. von Humboldt ab, dass das Ziel der Bildung nicht in der Beherrschung eines bestimmten Wissenskanons besteht, sondern in einer möglichst breiten Entfaltung individueller Anlagen (vgl. Schäfer, A. 2005, S. 155). Die Individualität des Menschen zu fördern, seine Kräfte, seine Potenziale weitmöglichst zu entwickeln und zu einem stimmigen Ganzen zu formen, waren für W. von Humboldt die wesentlichen Bildungsziele. Kern der Bildung ist die Subjekt- oder Personwerdung des Menschen und nicht die Aneignung von Fähigkeiten und Wissen zur Erfüllung gesellschaftlicher Anforderungen. Bildung in dem dargestellten Sinn hat ihren Zweck im Menschen selbst; sie dient dem eigenen Selbstverständnis und nicht der Erfüllung von außen gesetzter Anforderungen. W. von Humboldt leugnet nicht die Notwendigkeit des Erwerbs gesellschaftlich wichtiger Qualifikationen. Den Menschen ist aber zunächst die Möglichkeit zu geben, ihre Individualität auszuprägen, bevor sie sich mit den gesellschaftlichen Anforderungen auseinandersetzen. Die Aneignung gesellschaftlich notwendiger Qualifikationen bezeichnete W. von Humboldt in Abgrenzung zur Bildung als Ausbildung.

Wie bei W. von Humboldt stehen auch in der Reggio-Pädagogik die Förderung der Individualität und die Entwicklung der individuellen Potenziale im Mittelpunkt der pädagogischen Arbeit. L. Malaguzzi wurde nicht müde zu betonen, dass dem Kind in seiner Individualität der nötige Respekt entgegengebracht werden muss. Die zentrale Bedeutung dieser Bildungsziele zeigt sich darin, dass sie als Kinderrechte verankert sind. Kinder haben das Recht, ihre Individualität auszubilden und all ihre Potenziale zu erweitern. Neben diesen Zielen spielt die Förderung der Identitätsentwicklung eine große Rolle.

„Man hat sich von Beginn an in Reggio mit besonderer Aufmerksamkeit der Frage zugewandt, unter welchen Bedingungen Kinder ihre Identität begreifen und entfalten können.“ (Sommer 1999, S. 38)

Wer bin ich? Wer kann ich werden? Solche Fragen immer wieder ins Zentrum zu rücken und Möglichkeiten zu finden, den Kindern bei ihrer Beantwortung behilflich zu sein, ist ein Kernelement der pädagogischen Arbeit. Besonders offenkundig wird die Bedeutung der Identitätsentwicklung durch die Ausgestaltung der Räumlichkeiten mit unterschiedlichen Arten von Spiegeln.

Ergänzt werden diese eher individuumzentrierten Bildungsziele durch soziale Zielsetzungen. Ziel ist eine allseitig entwickelte Persönlichkeit, die auch bereit ist, Verantwortung für die Gemeinschaft zu übernehmen.

Der Prozess der Bildung

Wie müssen nach Auffassung der Reggio-Pädagogik Bildungsprozesse gestaltet werden, damit die beschriebenen Bildungsziele erreicht werden? Drei Annahmen sind leitend für die konkrete Gestaltung der Bildungsprozesse:

1. Bildung ist Selbstbildung
2. Kinder sind individuell und kompetent
3. Bildung vollzieht sich in der Auseinandersetzung mit der Welt

Kann eine Erzieherin ein Kind bilden? Handelt es sich bei der Bildung um einen Prozess, der von außen gesteuert werden kann und zu einem vorab festgelegten Ergebnis führt? In Übereinstimmung mit den meisten Bildungstheoretikern würden die Reggianer diese Möglichkeiten verneinen. Für sie ist Bildung Selbstbildung. Dies bedeutet, dass man Bildung im Sinne eines vorab definierten Ergebnisses nicht herstellen kann. Das Kind bildet sich selbst, es wird nicht gebildet. Bildungsprozesse sind aktive, selbstgesteuerte und ergebnisoffene Prozesse.

Betrachtet man die Arbeit im Kindergarten unter dem Blickwinkel der Bildung im Sinne der Selbstbildung, so ergeben sich entscheidende Veränderungen für das pädagogische Denken und Handeln, das bis heute vom klassischen Erziehungsbegriff geprägt ist. Verbunden mit diesem Erziehungsbegriff ist die Überzeugung, dass durch die Wahl geeigneter Mittel bestimmte, vorab festgelegte Ziele bei den Kindern zu erreichen sind. Im Mittelpunkt pädagogischer Überlegungen steht also die Frage, welche Ziele angemessen sind und wie sie erreicht werden können.

Ganz andere Überlegungen treten in den Mittelpunkt, wenn man vom Begriff der Selbstbildung ausgeht. Die Aufmerksamkeit richtet sich auf die Suche nach Möglichkeiten, den Bildungsprozess so zu unterstützen, dass das Kind selbst ihn optimal gestalten kann. Pädagogische Theorien im Sinne von Bildungstheorien sind – wie A. Schäfer treffend sagt – „Möglichkeitstheorien für Selbstbildung“ (Schäfer, A. 2005, S. 155).

Damit wird deutlich, dass die Annahme der Selbstbildung nicht bedeutet, dass Erzieherinnen keine Verantwortung für den Bildungsprozess hätten und Bildungsprozesse unbeeinflussbar seien. Selbstbildung bedeutet nicht, dass die Kinder sich selbst überlassen bleiben. Vielmehr stellt diese Annahme die Erzieherinnen vor neue anspruchsvolle Aufgaben. Immer wieder gilt es, die individuellen Potenziale der Kinder zu entdecken und Möglichkeiten zu entwickeln, diese Potenziale zu fördern.

Um diese Aufgabe bewältigen zu können, ist es u.a. wichtig, ein angemessenes Bild vom (individuellen) Kind zu entwickeln. Es ist in der Pädagogik und auch in der allgemeinen Öffentlichkeit modern geworden, das Bild vom Kind in den Mittelpunkt pädagogischer Überlegungen zu rükken. In kaum einem Bildungsplan fehlt der Hinweis, welches Bild vom Kind ihm zugrunde liegt. Der allgemeine Tenor lautet: vom defizitorientierten zum kompetenten Kind.

Manchmal entsteht der Eindruck, dass Pädagogik einfachen Rezepten folgt: Man ändere das Bild vom Kind, und schon stellt sich der Erfolg ein. Dass es wichtig ist, sich Klarheit über das Bild vom Kind zu verschaffen, soll nicht in Frage gestellt werden. Auch nicht, dass die Fokussierung auf die Kompetenzen des Kindes positiv zu bewerten ist. Dennoch: Eine bloße Umkehrung bisheriger Sichtweisen scheint zu kurz zu greifen.

Die Reggianer waren schon sehr früh davon überzeugt, dass pädagogisches Denken und Handeln nie unbeeinflusst davon ist, welches Bild Pädagogen vom Kind haben. Dieses Bild ist aber häufig nicht bewusst, bzw. es wird nicht ausdrücklich beschrieben. Deshalb war es für die Reggianer eine wichtige Forderung, dieses Bild zu reflektieren, immer wieder zu überprüfen und zu beschreiben, um einerseits sich selbst Klarheit zu verschaffen, aber auch um es der allgemeinen Öffentlichkeit und den Eltern zu erläutern.

Dieser Klärungsprozess begann mit einer kritischen Auseinandersetzung mit Kindesbildern, die die Pädagogik im Laufe ihrer Geschichte entwickelt hat. Das Ergebnis war, dass fast alle Kinderbilder verworfen wurden, die Geschichte und Kultur über Jahrhunderte in Kinder hineingepresst haben.

Zwei Gründe spielten dabei eine zentrale Rolle:

1. Die Pädagogik betrachtet sehr oft das Kind aus der Perspektive des Erwachsenen. Der erwachsene Mensch wird damit zum Bezugspunkt der Erziehung, und das Kind soll in den Jahren seiner Entwicklung alle Fähigkeiten eines erwachsenen Menschen erwerben. Nach Auffassung der Reggio-Pädagogik führt diese Perspektive zum einen zu einer Defizitorientierung, zum anderen dazu, dass dem Kindsein an sich kein eigener Wert zugebilligt wird. Kindsein wird als ein notwendiges Übel angesehen, das überwunden werden muss, um erwachsen und erst damit zum vollwertigen Menschen zu werden. Darin zeigt sich ein mangelnder Respekt Kindern gegenüber, gegen den nach Malaguzzi ein großer Kampf zu führen ist. Die Reggio-Pädagogik fordert, Kinder nicht als unfertige Erwachsene zu sehen, sondern von Geburt an als vollwertige Menschen, die auf eigene Art sehen, fühlen, denken und sich äußern und dadurch eine eigene Kultur schaffen. Diese Eigenart der Kinder ist von den Erzieherinnen zu respektieren, wertzuschätzen und zu erforschen. In Anlehnung an Korczak geht es um das Recht des Kindes auf die Gegenwart. Dem Kind Respekt entgegenzubringen, ist also nicht zu verwechseln mit einer Glorifizierung des Kindes. Es bedeutet vielmehr ein Ernstnehmen der kindlichen Eigenart sowie das Zugeständnis einer eigenen Identität. Durch die Reflexion der praktischen Erfahrungen und die Auseinandersetzung mit modernen entwicklungspsychologischen Theorien erkannten die Reggianer schon bald, wie kompetent Kinder in der Regel sind.

2. Die Bilder vom Kind enthalten oft sowohl „kultartige“ Bewertungen des Kindes als auch metaphorische Beschreibungen der Wesenszüge des Kindes. Beides erschwert nach Malaguzzi durch die Gleichsetzung des einzelnen Kindes mit dem allgemeinen Bild vom Kind die Wahrnehmung des individuellen Kindes. (vgl. Malaguzzi 1992).Aber genau

dieses Bild vom individuellen Kind ist der zentrale Ausgangspunkt der pädagogischen Bemühungen der Reggianer.

Ein zentrales Ziel der pädagogischen Arbeit muss es daher sein, ein angemessenes Bild vom individuellen Kind zu entwickeln. Wie versuchen die Reggianer, dieses Ziel zu erreichen? In Anlehnung an die Erkenntnistheorie des Konstruktivismus gehen die Reggianer davon aus, dass die Realität nicht einfach passiv abgebildet wird, sondern vielmehr eine Konstruktion des Wahrnehmenden ist. In diesem Sinne speist sich die Wahrnehmung eines Kindes nicht nur aus dessen eigenen Botschaften, sondern auch aus den Anteilen der Erzieherin, vor allem aus ihren allgemeinen Vorstellungen vom Kind. Diese gilt es also zunächst zu klären. Die Reggianer gehen davon aus, dass Kinder viele Kompetenzen aufweisen.

Im Einzelnen weisen Kinder aus ihrer Sicht folgende Merkmale auf:

- Kinder besitzen große Potenziale. Die Reggianer sehen die Kinder sehr optimistisch. Jedes Kind verfügt über eine große Anzahl von Möglichkeiten, die in der Regel nicht ausgeschöpft werden.
- Kinder sind aktive Konstrukteure ihres Wissens. Sie nehmen nicht passiv, etwa durch Belehrung, fertiges Wissen auf, sondern erstellen aus dem, was sie hören und sehen, aktiv eine individuelle Wissensstruktur.
- Kinder sind Forscher und Entdecker. Kinder sind neugierig, lassen sich von unterschiedlichen Phänomenen ansprechen und versuchen, sie zu verstehen.
- Kinder sind soziale Wesen. Kinder sind von Geburt an auf mitmenschliche Kontakte ausgerichtet und auch auf diese Beziehungen angewiesen.
- Kinder können sich auf vielfältige Art und Weise ausdrücken. Kinder haben 100 Sprachen, können sich über Spiele, Bilder, Plastiken, Worte etc. artikulieren.
- Kinder haben andere Zeiten. Kinder handeln nicht nach der Uhr, sondern sie geben sich den Dingen hin, ohne an die Zeit zu denken.
- Kinder möchten ihre Fähigkeiten erweitern. Kinder streben danach, ihr eigenes Potenzial beständig auszubauen und zur Geltung zu bringen.

Diese allgemeinen Merkmale stellen allerdings nur das vorläufige Ergebnis der pädagogischen Diskussion in Reggio dar. In der pädagogischen Praxis und in der theoretischen Auseinandersetzung werden sie weiterhin überprüft und verändert.

Malaguzzi warnt ausdrücklich davor, die genannten allgemeinen Merkmale als Dogmen zu sehen.

„Es ist erforderlich, für Veränderungen offen zu sein; deshalb ist vor einem zu rigiden, zu engen Rahmen für solche Bilder zu warnen.“ (Malaguzzi 1992, S. 18)

Um diese Offenheit zu erreichen, fordert er die Erzieherinnen auf, mit den Kindern direkt zu lernen, da die

„einzige Möglichkeit, über Kinder zu lernen, da ist, wo die Kinder sich befinden. Wir müssen aufhören, abgehoben von ihnen über sie lernen zu wollen.“ (Malaguzzi 1992, S. 27)

Die bearbeitenden Merkmale stellen also keine anthropologischen Konstanten dar, sondern die zur Zeit aktuelle, veränderbare Sichtweise. Sie bilden den Rahmen für die Wahrnehmung des individuellen Kindes. Sie sind ein begriffliches Netz, das hilft, Kinder immer wieder unter neuen Perspektiven zu sehen, aber sie sind keine Beschreibung des individuellen Kindes. Um das Kind in seiner Individualität adäquat wahrzunehmen, bedarf es der Bewusstmachung und der dialogischen Überprüfung dieses Rahmens.

Für die Reggianer reicht es also nicht aus, nur ein neues Bild vom Kind zu postulieren und es dem pädagogischen Handeln zu unterlegen. Zentrale Aufgabe der Pädagogen ist es, dieses Bild ständig zu überprüfen und das individuelle Kind nicht mit dem allgemeinen Bild vom Kind zu verwechseln. Zentrales Ziel ist es, auf der Basis eines reflektierten allgemeinen Bildes vom Kind, sich ein adäquates Bild von dem individuellen Kind zu machen.

3.3 Ästhetische Bildung: ein besonderer Weg der Weltaneignung

Das Atelier, Kunsterzieher als feste Bestandteile der Teams, eine ansprechende Gestaltung der Räume, gelungene Bilder und Plastiken von Kindern, die jeden Erwachsenen in Erstaunen versetzen, die besondere Bedeutung der Wahrnehmungsförderung, die reichhaltige Materialauswahl – all dies sind für viele Erzieherinnen hervorstechende Merkmale der Reggio-Pädagogik. Tatsächlich hat es für viele den Anschein, als ob die Kindertagesstätten in Reggio Kunstschulen seien, die aus den Kindern Künstlerinnen und Künstler machen möchten. Dies ist jedoch nicht der Fall. Im Gegenteil. Es waren zwei andere Gründe, die zu dieser Akzentsetzung geführt haben:

1. Annahmen über die Ausdrucksformen und Sprache des Menschen
   - Die Sprache wird den Kindern fast nur noch über Imitationsmechanismen vermittelt. Eine Anbindung an die Erfahrung fehlt fast vollkommen.
   - Die Kindererziehung erfolgt fast ausschließlich verbal.
   - Der Mensch besitzt eine Vielfalt von Ausdrucksmöglichkeiten.
   - Jede Ausdrucksform hat den Anspruch, sich in vollendeter Weise zu verwirklichen.
   - Die einzelnen Ausdrucksformen stehen in Wechselwirkung zueinander. Sie bereichern sich gegenseitig.

2. Annahmen über die kindgerechte Art der Weltaneignung

Bildung vollzieht sich nur durch die Auseinandersetzung mit der Welt. Auch diese These hat bereits W. von Humboldt vertreten. Die Reggio-Pädagogik wendet sich mit dieser These gegen eine rein kontemplative Auffassung von Bildung. Die Auseinandersetzung mit der Welt kann allerdings sehr unterschiedliche Formen annehmen. Eine uns allen bekannte Form ist die distanzierte begriffliche Weltaneignung. Beobachtete Phänomene werden begrifflich klassifiziert und theoretisch erklärt.

Was aber begreift ein Kind, wenn wir ihm erzählen, dass die Birne zur Kategorie „Obst" gehört und erklären, dass die Birne aufgrund der Erdanziehungskraft vom Baum fällt? Was versteht das Kind von der Erdanziehungskraft? Erklärungen dieser Art führen oft zu einem toten oder trägen Wissen; das Kind hat keinen persönlichen Bezug dazu, das Wissen bleibt in der Regel für sein Handeln folgenlos und lässt das Verlangen, selbst eine Sache zu erforschen, zunehmend verkümmern. Letztlich vermittelt solches Wissen gar einen falschen Eindruck von der Sache, da alle Besonderheiten, Widrigkeiten und Ungereimtheiten, die ihr innewohnen, aus dem Blick geraten. Kurz: Menschen, die auf diese Art und Weise etwas über die Welt erfahren, kennen oft nicht wirklich, was sie wissen. Sie können scheinbar klug – bei Kindern nennt man es oft altklug – über die Welt reden, aber sie haben nur wenig von der Welt begriffen. Freire bezeichnet dies als „Bankierskonzept des Wissens". Wie auf einer Bank wird das Wissen gesammelt, es bleibt aber dem Menschen fremd und verändert ihn nicht. Mensch und Wissen bleiben etwas Getrenntes.

Ein solches Wissen hat – wie Rita Süssmuth treffend bemerkt – auch nichts mit Bildung zu tun.

„Bildung kann man nicht lehren, sondern nur stiften. Ich kann Wissen vermitteln, Bildung aber nicht. Bildung bedeutet verantwortungsvoller Umgang mit Wissen. (…) Wir reden über die Wissensgesellschaft, nicht über die Bildungsgesellschaft. Das sind zwei verschiedene Dinge." (Süssmuth zit. nach Rumpf 2000, S. 16)

Gebildet ist nicht jemand, der weiß, sondern der Wissen beurteilen und bewerten kann und der aus dem Wissen Konsequenzen für sich und den Umgang mit der Welt zieht. Bildung bedeutet nicht unbefragte Reproduktion des Gegebenen, sondern schließt die Schaffung von Neuem ein. Mensch und Welt sind in ein Wechselverhältnis zu setzen. Bittner hat diese Aufgabe in einem Buchtitel sehr schön ausgedrückt: Kinder in die Welt, die Welt in die Kinder setzen. Um Kinder in diesem Sinne zu bilden, ist es notwendig, einen anderen, kindgerechten Zugang zur Welt und damit zum Wissen zu schaffen. Sich der Welt ästhetisch zuzuwenden, stellt eine solche Möglichkeit dar.

Ob ein Kind nur Wissen erwirbt und damit „nur" lernt oder ob Lernprozesse auch bildend im oben beschriebenen Sinne wirken, hängt nach Auffassung der Reggio-Pädagogik entscheidend von der Art der Aneignung der Welt ab. Die entscheidende Frage in diesem Zusammenhang lautet: Versuche ich, mir die Welt gemäß meines bisherigen Wissens möglichst ohne Irritationen anzueignen, oder lasse ich die Umwelt auf mich wirken. Friedrich Schiller formulierte in seinen Überlegungen zur ästhetischen Erziehung bereits vor ca. 200 Jahren diese Problematik sehr treffend.

„Die Natur mag unsre Organe noch so nachdrücklich und noch so vielfach berühren – alle ihre Mannigfaltigkeit ist verloren für uns, weil wir nichts in ihr suchen, als was wir in sie hineingelegt haben, weil wir ihr

nicht erlauben, sich gegen uns herein zu bewegen, sondern vielmehr mit ungeduldig vorgreifender Vernunft gegen sie hinaus streben. Kommt alsdann in Jahrhunderten einer, der sich ihr mit ruhigen, keuschen und offenen Sinnen naht und deswegen auf eine Menge von Erscheinungen stößt, die wir bei unserer Prävention übersehen haben, so erstaunen wir höflich darüber, dass so viele Augen bei so hellem Tag nichts bemerkt haben sollen. Dieses voreilige Streben nach Harmonie, ehe man die einzelnen Laute beisammen hat, die sie ausmachen sollen, diese gewalttätige Usurpation der Denkkraft in einem Gebiete, wo sie nicht unbedingt zu gebieten hat, ist der Grund der Unfruchtbarkeit so vieler denkenden Köpfe für das Beste der Wissenschaft, (...)." (Schiller 1965, S. 53)

Rumpf setzt sich mit demselben Problem mit einem etwas anderen Akzent auseinander:

„*Wir sprechen von einem spielerischen Hin und Her im Unterschied zu einem direkten Zugriff. Hier lohnt wohl genaueres Hinschauen. Es könnte sein, dass unsere Kultur auch deshalb so lebensschwach wird und also zum Besitztum, zur Waffe oder zur Trophäe – wenn nicht zum Konsumgut oder zum Lehr- und Prüfungsstoff degeneriert, weil wir annäherungsschwach oder annäherungsunfähig geworden sind; weil wir alles umstandslos, direkt – ohne verrückte oder doppelbödige Irritationen uns einverleiben zu müssen wähnen, je mehr, je glatter, desto besser.*" (Rumpf zit. nach Staude 1993, S. 10)

Gemeinsam ist beiden die Ablehnung eines allein vom Denken bestimmten Zugangs zur Welt, der der Gefahr unterliegt, dass die Welt so angeeignet wird, wie es zu unserem Denken passt. Dieser Gefahr kann man nur entgehen, wenn man die Umwelt auf sich wirken lässt, wenn man mit offenen, neugierigen Sinnen der Welt begegnet. Was für Rumpf ein spielerisches Hin und Her zwischen Person und Gegenstand ist, bezeichnen die Reggianer als Flirt mit dem Gegenstand. Diese Art der Aneignung bezieht auch bewusst die Gefühle mit ein.

Ein solcher Zugang wird oft als ästhetisch bezeichnet. Ästhetik wird in diesem Zusammenhang verstanden als eine Theorie der sinnlichen Erkenntnis und nicht als Theorie des Schönen. Dazu gehört die Offenheit der Sinne, die Freiheit von Zwecken, die Bereitschaft, sich auch gefühlsmäßig ansprechen zu lassen, Irritationen auszuhalten oder gar zu suchen, den Gegenstand nicht nur anzuschauen, sondern ihn intensiv zu betrachten, sich dem Gegenstand hinzugeben und ihn letztlich zum Sprechen zu bringen, um möglichst vielfältige und reichhaltige Eindrücke zu sammeln.

G. E. Schäfer fügt noch zwei gerade für das Vorschulalter wichtige Elemente hinzu und bezeichnet das Wechselspiel von sinnlichen Erfahrungen, Phantasie und Vorstellung als ästhetische Erfahrung (vgl. G. E. Schäfer 1995). Da sich Kinder bei diesem Wechselspiel mit der Welt auseinander setzen, sieht er in den ästhetischen Prozessen eine wesentliche Grundlage für vorschulische Bildungsprozesse.

In der Reggio-Pädagogik spielen aber nicht nur die Wahrnehmung, Phantasie und Vorstellung eine wichtige Rolle, sondern auch Gestaltung und Darstellung sind wichtige Elemente in der Auseinandersetzung mit der Welt, weil sie zu weiteren Denkprozessen anregen. Dem Eindruck Ausdruck zu verleihen, ist ein wichtiges Prinzip der pädagogischen Arbeit.

Zusammenfassend lässt sich festhalten, dass ästhetische Bildung im Sinne der Reggio-Pädagogik weniger als Bildung *zur* Ästhetik im Sinne des Schönen und Erhabenen, sondern als Bildung *durch* ästhetische Pro-

zesse verstanden wird. Die Schönheit der Bilder und Plastiken ist Nebenprodukt und nicht Ziel der pädagogischen Arbeit, wesentlich ist der Prozess der Erstellung des Produktes. Diese ästhetische Form der Aneignung der Welt, die in der Reggio-Pädagogik die Wahrnehmung, die Phantasie und Vorstellungstätigkeit, das Denken und die Gestaltung umfasst, ist der Kern des reggianischen Bildungsbegriffes.

Kinder bei dieser Form der Weltaneignung zu begleiten, ist eine sehr anspruchsvolle und schwierige Aufgabe. Dies kompetent zu tun, erfordert mehr als die Kenntnis spezieller Spiele zur Wahrnehmungsförderung oder bestimmter kreativer Techniken. Es erfordert, sich selbst als Erzieherin der Welt ganz neu zuzuwenden, die eigenen Denkweisen und Haltungen zu überprüfen und gegebenenfalls zu verändern.

3.4 Bilden ist mehr als Lernen – Lernangebote bildend gestalten

Viele Politiker, Eltern und auch Erzieherinnen sehen im Ausbau pädagogisch geplanter Lerngelegenheiten in Kindertagesstätten eine wesentliche Möglichkeit zur Verbesserung der frühkindlichen Bildung. Skeptiker hingegen sehen in dieser Entwicklung die Gefahr, dass der Wissensvermittlung eine zu große Bedeutung zukommt. Sie befürchten eine Verschulung der Kindertagestätten.

Die Reggio-Pädagogik hat ein Konzept entwickelt, das einerseits der Wissensvermittlung einen hohen Stellenwert einräumt, aber andererseits eine Verschulung des Lernens zu vermeiden sucht. Es ist ein Lernkonzept, das den Anspruch erhebt, geplante Lernangebote so zu gestalten, dass sie bildend in dem bereits beschriebenen Sinne wirken.

Das lernende Kind

Ausgangspunkt des Lernkonzeptes ist eine spezifische Vorstellung vom lernenden Kind. Kinder sind nicht nur fähig zu lernen, sondern auch sehr lernbegierig. Sie wollen die Welt erkunden und verstehen. Sie sind unermüdliche Forscher. Das Bedürfnis, in der Welt wirkungsvoll zu handeln, führt zudem zu dem Wunsch, die eigenen Fähigkeiten beständig weiterzuentwickeln. Diese intrinsische Lernmotivation wird allen Kindern unterstellt.

„Das Vergnügen, das Lernen, Wissen und Verstehen bereitet, ist eines der wichtigsten und grundlegendsten Gefühle, die ein Kind erwartet, wenn es allein, mit anderen Kindern oder Erwachsenen zusammen neue Erfahrungen macht." (Malaguzzi 1990, S. 86)

Lernen ist also für die Kinder eine emotionale, lustbetonte Angelegenheit. Lernen ist für Kinder ein ganzheitlicher Prozess und nicht auf die rein kognitive Komponente beschränkt. Falls die Kinder eine solche Motivation nicht zeigen, ist zu fragen, wodurch sie sie verloren haben. Die intrinsische Lernmotivation soll so unterstützt und weiter gefördert werden, dass sich eine grundsätzliche Lernfreude entwickelt, die auch dann besteht, wenn das Lernen schwierig und mühsam wird. Die Kunst der pädagogischen Arbeit im Kindergarten liegt also nicht darin, die Kinder zum Lernen zu bewegen, sondern die Lernprozesse so zu gestalten, dass die vorhandene Lernfreude sich zu einer grundlegenden Disposition entwickelt.

Ziel des Lernens – Wissenserwerb oder Lernkompetenz

Ziel der pädagogischen Arbeit ist es – wie bereits dargelegt – den Selbstbildungsprozess der Kinder optimal zu unterstützen. In diesem Zusammenhang stellt sich u.a. die Frage, ob dies eher durch die Vermittlung spezifischen Wissens oder durch den Erwerb von Lernkompetenzen zu gewährleisten ist.

Geht man von der Alltagsvorstellung bzw. den eigenen schulischen Erfahrungen aus, so wird mit dem Begriff „Lernen" häufig der Erwerb „fertigen" Wissens verbunden. Von diesem Lernverständnis distanziert sich die Reggio-Pädagogik und entwickelt gleichzeitig eine Alternative:

„Die hier zu stellende Frage ist einfach: soll die pädagogische Einrichtung ein Ort sein, wo das Kind forscht, erforscht, hinterfragt, überprüft usw. oder soll der Ort ein statischer sein, wo Wissen übergestülpt, wo die Pädagogik das Vehikel ist, um in Kinderköpfe vorgefertigtes, fertiges Wissen zu übertragen?" (Malaguzzi 1992, S. 128)

Für Malaguzzi ist dies nur eine rhetorische Frage. Für ihn steht fest, dass der Kindergarten nicht bereits didaktisch aufbereitetes, definitives Wissen vermitteln soll, sondern dass die Kinder lernen sollen, wie Wissen entsteht.

Die Begründung dieser Zielsetzung ergibt sich zum einen aus den erkenntnistheoretischen Grundannahmen des Konstruktivismus, zum anderen aus lernpsychologischen Überlegungen. Die konstruktivistische Erkenntnistheorie geht davon aus, dass es für einen Menschen grundsätzlich unmöglich ist, die Umwelt direkt und objektiv zu erkennen. Was wir beobachten, ist nicht die Sache selbst, sondern bereits vermittelt durch unsere Art zu fragen, zu sehen, zu denken. Wir bilden also die Umwelt nicht objektiv ab, sondern jeder Mensch sieht die Welt aufgrund seines Wissens, seiner Wahrnehmungsfähigkeiten, seiner Gefühle anders. Jeder Mensch schafft sich letztlich sein eigenes Weltbild, eines, das zu ihm und zu seinen Handlungen passt. Wenn es aber kein objektives, d.h. von den Erkenntnisvorgängen des einzelnen Menschen unabhängiges Wissen gibt, dann sollte den Kindern auch kein von anderen Menschen erworbenes Wissen als richtig und objektiv vermittelt werden. Vielmehr ist der Erkenntnisprozess selbst in den Mittelpunkt zu stellen, das Lernen des Lernens, um die Kinder in die Lage zu versetzen, die Welt immer besser im Sinne der Verbesserung der eigenen Handlungsmöglichkeiten zu erkennen.

Die Reggio-Pädagogik stützt sich nicht nur auf die Erkenntnistheorie des Konstruktivismus, sondern auch auf Überlegungen der Lernpsychologie. Im Mittelpunkt der lernpsychologischen Begründung stehen die Gedanken von Jerome Bruner zum entdeckenden Lernen. Darunter versteht er „fast alle Formen des Wissenserwerbs mit Hilfe des eigenen Verstandes“ (Bruner 1981, S. 16). Sie zeichnen sich dadurch aus, dass der Lernende mit Hilfe eigener Überlegungen Wissen erwirbt und nicht bereits vorhandenes Wissen einfach übernimmt. Das entdeckende Lernen steht damit im Gegensatz zum darbietenden Lernen, bei dem eine lehrende Person den Kindern bereits fertiges Wissen zu vermitteln versucht. Die Vorteile des entdeckenden Lernens bestehen darin, dass es zu einem besseren Verständnis des Wissens, zu einer Vergrößerung der intrinsischen Motivation, zu einer differenzierteren Beherrschung der Methoden des Wissenserwerbs und zu einer Verbesserung der Gedächtnisleistung führt. Da es der Reggio-Pädagogik insbesondere um das Verstehen der Sachverhalte und um das Erlernen von Methoden des Wissenserwerbs geht, spielt das entdeckende Lernen in ihrem Lernkonzept eine zentrale Rolle.

Ein weiterer für das reggianische Lernkonzept wichtiger Theoretiker ist John Dewey, ein bekannter amerikanischer Vertreter der Projektmethode. Nach Dewey liegt das wesentliche Ziel der Pädagogik nicht darin, Wahrheiten zu vermitteln, sondern die Möglichkeiten der Kinder, ihre Fähigkeiten zu denken, wahrzunehmen, zu fühlen und zu handeln, optimal zu fördern.

Das Wesen des Lernprozesses

Die Reggianer gehen davon aus, dass der Lernprozess bei jedem einzelnen Kind unterschiedlich verläuft. Diese Annahme der Individualität des Lernprozesses ergibt sich aus der konstruktivistischen Sichtweise des Lernprozesses, bei der davon ausgegangen wird, dass Lernen kein passiver Vorgang, sondern ein aktiver Konstruktionsprozess des Individuums ist.

„Allzu leicht gibt man sich nämlich der Illusion hin, dass es möglich sei, Ideen, Vorstellungen, Begriffe einem anderen zu geben, sie ihm als solche zu übermitteln. Demgegenüber sollte man nie vergessen, dass es letzten Endes nur Schallwellen sind, welche man zum Ohr des Hörers zu senden vermag, und dass dieser jede einzelne Vorstellung, jeden Begriff, jede Denkoperation und insbesondere jedes Gefühl und jedes Werterlebnis aus dem Grunde seiner eigenen Seele hervorrufen muss.“ (Aebli zit. nach Bürmann 1997, S. 17)

Lernen heißt also nicht, lediglich etwas zu übernehmen, sondern selbst etwas zu produzieren. Neue Kenntnisse werden in Beziehung zu bereits vorhandenem Wissen gesetzt und gewinnen dadurch ihre spezifische Bedeutung. Was aus den eigenen Wahrnehmungen und den Informationen anderer Menschen aufgenommen und wie es verarbeitet wird, hängt von der bereits vorhandenen Wissensstruktur ab. Diese Wissensstruktur ist aber mit großer Wahrscheinlichkeit bei allen Menschen unterschiedlich, so dass davon ausgegangen werden kann, dass die menschlichen Lernprozesse individuell sind. Diese Individualität zeigt sich in der unterschiedlichen Lernzeit der Kinder und im unterschiedlichen Verlauf des Lernprozesses.

Hans-Joachim Laewen hat diesen Prozess anschaulich beschrieben:

„Der Bau der Kenntnisse ist ein großer Tanz, der sich in Raum und Zeit bewegt. Der Prozess des Lernens ist eine täglich neue Mischung der Kenntnisse. Kinder lernen nicht linear, ihr Lernen gleicht dem Flug eines Schmetterlings, der sich bald hier, bald dort niederlässt.“ (Laewen 1998, S. 8)

Wo sich die „Schmetterlinge“ wann und in welcher Reihenfolge niederlassen, ist nicht festgelegt. Jeder Lernprozess ist bei jedem Kind immer wieder ein neuer Tanz mit neuen Figuren, Schritten und neuem Tempo.

Aus diesen Überlegungen ergeben sich folgende Konsequenzen:

- Das Ergebnis eines Lernprozesses ist nicht bestimmbar und individuell unterschiedlich.
- Der Lernprozess sollte offen gestaltet werden, so dass jedes Kind einen individuellen Zugang finden kann.
- Lernen und Lehren sind keine identischen Prozesse. Gelehrt ist noch nicht gelernt. Einige Lerntheoretiker gehen noch weiter. Sie sehen im Lehren eine Ver- bzw. Behinderung des Lernens.

Der Motor von Lernprozessen sind kognitive Konflikte. Sie werden hervorgerufen, wenn das neue Wissen mit der bisherigen Wissensstruktur nicht übereinstimmt.

Der Verlauf von Lernprozessen

Die folgende Beschreibung des Verlaufs von Lernprozessen versucht, seine wesentlichen Elemente darzustellen und in eine Reihenfolge zu bringen. Er ist idealtypisch und wird nicht, wie hier beschrieben, linear, sondern eher in Form einer Spirale verlaufen. Die lineare Darstellung hat lediglich den Sinn, den Prozess zu vereinfachen und damit lesefreundlicher zu gestalten.

1. Schritt: Der Ausgangspunkt des Lernens – die Fragen und Interessen der Kinder und der Erwachsenen
Der Lernprozess setzt in der Regel bei den Fragen und Interessen der Kinder an, die sie entweder spontan äußern oder die in sogenannten „Was tun“-Gesprächsrunden erarbeitet werden.

2. Schritt: Die Erstbegegnung mit dem Lerngegenstand – den Lerngegenstand erfahren
Die intensive Erfahrung des Lerngegenstandes stellt die Grundlage des weiteren Lernprozesses dar. Erfahrung stellt nach Dewey eine „unmittel-

bar erlebte Einheit von Subjekt und Objekt“ dar (Dewey zit. nach Reich 1997) Hierbei geht es nicht um Einordnungen, begriffliche Bezeichnungen oder Analysen, sondern um die Herstellung und das Erleben der Einheit von Kind und Sache. Um die Besonderheit dieser Begegnung zu kennzeichnen, wird von den Reggianern oft der Begriff 'Flirt, benutzt.

„Es reicht nicht, dass sich das Kind dem Objekt räumlich nähert. Es ist eine Art des 'Sich-Verliebens, nötig, das wechselseitig zunimmt, eine Art ‚Flirt', zwischen dem Kind und Objekt.“ (Lay 1987, S. 13)

3. Schritt: Die darstellende Auseinandersetzung mit dem Lerngegenstand
In dieser Phase geht es darum, die Erfahrungen der zweiten Phase sichtbar zu machen. Zeichnerisch, plastisch oder spielerisch stellen die Kinder ihre Erfahrungen dar. Diese Art der Auseinandersetzung mit dem Lerngegenstand, die durch Phantasie und Vorstellung gekennzeichnet ist, führt zu neuen Einsichten und zu neuen Fragen. Die Darstellung ist also ein Mittel, die Erforschung des Gegenstandes weiter voranzutreiben und den Erzieherinnen zu zeigen, wie die Kinder über den Lerngegenstand denken.

4. Schritt: Die Hypothesenbildung
Die Fragen und die intensive Auseinandersetzung mit dem Lerngegenstand führen zu Vermutungen über Zusammenhänge. Mit Hilfe ihres Vorwissens suchen die Kinder nach Erklärungen für Probleme. Dabei geht es nicht um eine sachliche Richtigkeit nach wissenschaftlichen Kriterien,

„sondern darum, dass die Fragen, die die Kinder bewegen, eine Antwort finden, die mit ihren bisherigen Erfahrungen in eine Verbindung gebracht werden können." (G. E. Schäfer 2005, S. 264)

5. Schritt: Lösungsversuche – Bau von Modellen
Die gefundenen Lösungen bzw. Hypothesen werden nun in Form von Modellen getestet.

6. Schritt: Die Umsetzung in die Realität.
Dieser Schritt stellt die letzte Phase des Lernprozesses dar, der je nach Bedarf von reflexiven Phasen unterbrochen wird, in denen es um die Erörterung des Lernprozesses selbst geht.

Es wird deutlich, dass die Reggianer sich von einem Lernbegriff abgrenzen, der darauf zielt, sich Inhalte unkritisch einzuprägen. Sie propagieren eine Vorstellung von Lernen, die sich durch folgende Gegensatzpaare beschreiben lässt, wobei der erste Wert jeweils der favorisierte ist:

- Intrinsische statt extrinsische Motivation
- Entdeckung statt Darbietung
- Erfahrung statt Verbalismus
- Verstehen statt Erinnern
- Lebens-/Problemorientierung statt Sachsystematik
- Prozess statt Produkt
- Erwerb von Lernkompetenz statt Erwerb vorgeschriebener Inhalte

4 Wenn ein Schiff auf Reisen geht – Strukturelemente der Reggio-Pädagogik

4.1 Der Kindergarten – ein Ort produktiver Unruhe

Malaguzzi hat das Selbstverständnis der Reggio-Kindergärten in seiner bilderreichen Sprache einmal so zusammengefasst:

„Wenn zum Beispiel der Kindergarten ein im Hafen vertäutes Schiff ist, werden die Eltern nie begreifen, was wir wollen. Und die Kinder werden auch nie begreifen, was der Kindergarten sein kann. Wir müssen dieses Schiff auf Reisen schicken. Wenn das Schiff überall herumschwimmt, dann schwimmen die Kinder, die Eltern, wir mit.“ (Malaguzzi 1992, S. 27)

An anderer Stelle beschreibt er den reggianischen Kindergarten so:

„Hier sind Kinder und Erwachsene zusammen, die gerne zusammen spielen, arbeiten, reden, denken, erfinden möchten. Sie bemühen sich zu lernen, wie das menschliche Wesen und seine Beziehungen zu Dingen und anderen Menschen erforscht, verbessert und freundschaftlich zusammen erfahren werden kann.“ (Malaguzzi o. J., o. O., S. 1)

Das Meer, auf dem sich Malaguzzis Schiff Kindergarten bewegt, ist die Stadt Reggio. Lern-, Entwicklungs-, Bildungsraum sind die Orte, an denen sich die Bürger der Stadt bewegen, an denen sie leben und arbeiten. Die Straßen und Plätze, der Markt, das Lebensmittelgeschäft, der Weinberg und der Handwerksbetrieb. Als Öffnung des Kindergartens in das Gemeinwesen hinein bezeichnete das vor nun mehr als dreißig Jahren der Situationsansatz in der Bundesrepublik Deutschland.

Der Kindergarten als Ort der Kinder und der Erwachsenen. Malaguzzi verzichtet bewusst darauf, die Arbeit im Kindergarten auf die Beziehung Kind – Erzieherin einzuengen. Im reggianischen Konzept des Abbaus von Hierarchien sind die Beziehungen Kind – Köchin, Kind – Werkstattleiterin, Kind – Eltern/Großeltern, Kind – sonstige Erwachsene innerhalb und außerhalb des Kindergartens gleichwertig. Der Kindergarten wird als öffentlicher Raum konzipiert, als ein Ort, an dem sich alle wohlfühlen und gemeinsam den von Malaguzzi beschriebenen Prozess des Spielens, Arbeitens, Redens, Denkens vorantreiben mit dem Ziel, sich als Menschen in allen Bereichen zu bilden. Gemeint ist die „Aus-Bildung" menschlicher Fähigkeiten wie Solidarität, Freundlichkeit, Hilfe, Unterstützung, bei gleichzeitiger „Auf-Klärung" der Dinge, forschend, experimentierend, fragend, Antworten findend und anzweifelnd. In diesem Prozess leisten alle an ihrem Platz ihren ganz spezifischen Beitrag, Große wie Kleine, pädagogisch und handwerklich Gebildete, Experten und Laien, innerhalb und auch außerhalb des Kindergartens.

„Wenn das Auge über die Mauer springt ...", so hieß in Anlehnung an ein geflügeltes Wort in Italien eine Ausstellung über die Reggio-Pädagogik. Gemeint ist damit, dass ein „kluges Auge" über die Mauer des Banalen und Gewöhnlichen hinaus zu sehen vermag, Menschen ein Gefühl dafür bekommen, dass es die Mühe lohnt, die Mauern des Alltäglichen zu überwinden und vorzudringen in die Welt des Neuen und Unbekannten. Gefordert ist eine Offenheit der Person für die Angebote der Um- und Mitwelt im weitesten Sinne. Nur ein in diesem Sinne offener Erwachsener kann für Kinder ein anregendes, spannendes Vorbild sein. Dass das Auge über die Mauer springen muss, gilt aber auch für den Blick des Erwachsenen auf Kinder und Kindheit. Die Aufgabe des Kindergartens ist es also, Kindern den Blick über die Mauer zu ermöglichen, ständig darum bemüht, das, was das unmittelbare Verstehen kindlicher Eigentümlichkeiten behindert, ein wenig zu überspringen, wohl wissend, dass dieses immer nur teilweise gelingt.

Der Kindergarten ist kein Platz für eine ideologisch verklärte, gepflegte und behütete, heile Kinderwelt, sondern ein Ort der produktiven Unruhe, der vordergründige Selbstgewissheit immer wieder durchbricht und Kinder mit neuen Erfahrungen konfrontiert, die sie herausfordern und zur Suche nach wiederum vorläufigen Lösungen ermutigen und anregen. Er ist ein Schiff, das alle und alles mit an Bord nimmt, das heißt ständiger Austausch aller am Erziehungsprozess Beteiligten durch permanenten Dialog, Öffentlichkeitsarbeit, Öffnung der Arbeit in das Gemeinwesen und Öffnung des Kindergartens für das Gemeinwesen.

4.2 Organisation ist Begegnung – Grundlagen des Organisationskonzeptes

Der Begriff der Organisation meint in unserem Sprachverständnis in der Regel etwas Formales, den Inhalten der Arbeit weitgehend Äußerliches, eher Notwendiges, dem man sich unterwirft. Ganz anders in Reggio. Hier versucht man, die Organisationsstruktur zu einem inhaltlichen Element der theoretischen und praktischen Arbeit zu machen. Organisation heißt in Reggio Begegnung. Das zu Organisierende ist Gegenstand der Diskussion, z.B. das pädagogische Konzept, die Projektplanung oder die Aufgabenverteilung innerhalb der Einrichtungen. Schlüssel des organisatorischen Konzepts sind die Begriffe Gemeinschaft und Vernetzung.

Das Prinzip der Gemeinschaft ist getragen von Vertrauen und dem Wunsch, etwas gemeinsam zu machen; es will die Möglichkeit eröffnen,

„dass sich alle beteiligen können an der gemeinsamen Leitung, die Eltern, das Personal, das Umfeld, also Nachbarn und Politiker …, das ist der Kernpunkt unseres Konzeptes. Wir gehen von einer Mitverantwortung aller beteiligten Gruppen in der Kleinkinderziehung aus. Erziehen ist also eine Aufgabe der Familie, der Institution, in der die Kinder tagsüber sind, und des Gemeinwesens. Das verlangt eben nicht nur Beteiligung, sondern auch Übernahme von Verantwortung“ (Krieg 1993, S. 108)

Im Mittelpunkt der gemeinschaftlichen Arbeit stehen ausschließlich die Kinder, ihre Entwicklung und Bildung. Das unterscheidet Reggio zentral von den deutschen Versuchen, den Kindergarten zu einem Familienzentrum zu entwickeln. Natürlich entwickeln sich in Reggio auch Eltern. Aber sie tun dieses gemeinsam mit den Mitarbeiterinnen der Einrichtungen, gleichberechtigt eingebunden in den Prozess des Bemühens, immer wieder neu herauszufinden, was für die Entwicklung der Kinder günstig und angemessen ist. In der gemeinsamen Arbeit mit den Kindern verändern sich Familie und Gemeinde. Pädagogik als Bürgerbewegung im wahrsten Sinne des Wortes. Pädagogik bewegt Bürger, Bürger bewegen Pädagogik. Eltern sind nicht Adressaten von Elternarbeit, der Kindergarten nicht Ort von Erziehungsseminaren für Eltern, der Vermittlung von Familienhilfe und -förderung. Einrichtungen verstehen sich in Reggio auch nicht – wie es sich in Deutschland zunehmend einbürgert – als

Dienstleistungszentren, in denen Eltern als Kunden auftreten, die 20, 30 oder 40 Stunden Betreuungszeit einkaufen. Eltern werden nicht in Elterngesprächen über die Entwicklung ihrer Kinder informiert, sie werden nicht belehrt, wenn es Probleme gibt.

Das Motiv der gemeinschaftlichen Arbeit von fest angestellten Mitarbeiterinnen der Einrichtungen, Eltern und interessierten und/oder sachkundigen Bürgerinnen und Bürgern in Reggio ist ein zutiefst „demokratisch-partizipatorisches". Das Motiv der deutschen Familienzentren ist ein sozialpädagogisch-fürsorgerisches. Dazwischen liegen Welten.

Die Idee des Gemeinschaftlichen bildet das Grundprinzip der Umgangsformen und des pädagogischen Arbeitens. Vernetzung heißt Verzicht auf die Trennung von Verwaltung, pädagogischer Forschung, Entwicklung, Planung und Umsetzung der pädagogischen Arbeit. Pädagogik ist Sache von Eltern, Erzieherinnen, Wissenschaftlern, Künstlern, Puppenspielern, Köchin, Hilfskraft, Weinbauer und Metzgereiverkäuferin. Alle bringen ihre spezifischen Kenntnisse, Kompetenzen, Sichtweisen sowie ihren soziokulturellen Hintergrund ein. Alle profitieren von allen, am meisten die Kinder. Grundlage dieses Ansatzes ist Vertrauen. Allen am Erziehungsprozess Beteiligten wird unterstellt, dass sie nach ihren jeweiligen Kräften ihren Beitrag zum Gelingen des gemeinsamen Projekts Kindergarten leisten wollen.

4.3 Vieles ist bei uns (fast) wie überall – von der Gruppenstärke bis zu den Öffnungszeiten

Seit 1968 ist in Italien per Gesetz die Einrichtung kommunaler, also nicht religiös ausgerichteter Kindertageseinrichtungen erlaubt. Die Tatsache, dass es zu diesem Zeitpunkt bereits vier kommunale Einrichtungen in Reggio gab, machte hier den Einstieg in eine weitere Kommunalisierung leichter als in anderen Regionen. Hinzu kam, dass Bevölkerung und Verwaltung durch die Volkskindergarteninitiative bereits für dieses Thema sensibilisiert waren.

Die Kommune unterhält derzeit 13 Krippen und 22 Kindergärten. Einschließlich der Mitarbeiter des Pädagogischen Zentrums beschäftigt die Stadt ca. 400 Angestellte im Bereich der öffentlichen Kindererziehung.

Das hier beschriebene Konzept der Reggio-Pädagogik wird ausschließlich in den kommunalen Krippen und Kindergärten realisiert. Neben diesen Reggio-Kindergärten gibt es noch sieben staatliche und 20 konfessionelle Kindergärten sowie zwei genossenschaftliche Krippen.

Auch behinderte Kinder finden Aufnahme in den Gruppen, und im Falle schwerster Behinderungen können zusätzliche Mitarbeiterinnen eingestellt werden.

Die Öffnungszeiten sind den Arbeitszeiten der Eltern angepasst. Als Regelbetreuungszeit gilt die Zeit von 7.45 Uhr bis 16.00 Uhr. Bei Nachweis einer längeren Arbeitszeit der Eltern kann ein Spätdienst bis 18.20 Uhr in Anspruch genommen werden. Für die Kinder von Eltern, die am Wochenende arbeiten, gibt es Einrichtungen, die auch am Samstag geöffnet sind.

Alle Einrichtungen sind Ganztagseinrichtungen. Das gemeinsame Mittagessen ist obligatorisch. Bis in die 90er Jahre zahlten Eltern pro Krippenplatz inklusive aller Mahlzeiten, nach Einkommen gestaffelt, zwischen 50 und 100 EUR monatlich. Aufgrund der wirtschaftlichen Krise in Italien, die weitreichende Einsparungen im Sozialbereich zur Folge hat, ist auch die Kommune in Reggio gezwungen, die Elternbeiträge zu erhöhen, um den personellen und materiellen Standard ihrer Einrichtungen halten zu können. Derzeit liegen die Kosten für die Familien zwischen 100 und 150 EUR monatlich, eine Summe, die für viele schwer aufzubringen ist.

Für alle Mitarbeiterinnen der kommunalen Einrichtungen gelten gleiche Arbeitszeiten und Regelungen für Fortbildungen und Urlaub. Von 36 Arbeitswochenstunden sind sechs Stunden sogenannte Verfügungszeit für die kollektive Leitung, für Vor- und Nachbereitung, Fortbildung und die Planung von Projekten.

Fortbildungen stehen allen Mitarbeiterinnen zu, das hauswirtschaftliche Personal eingeschlossen. Für die Erzieherinnen sind die Fortbildungen verpflichtend. Sie haben in Reggio eine besondere Bedeutung, da es keine spezielle Erstausbildung für die Tätigkeit in Reggio-Einrichtungen gibt. Die spezifischen Kenntnisse eignen sich die Erzieherinnen nach Abschluss der dreijährigen Erzieherinnenausbildung an. Alle neu eingestellten Erzieherinnen nehmen zunächst an einem Weiterbildungsseminar teil, in dessen Verlauf sie mit den Zielen und Methoden der Reggio-Pädagogik vertraut gemacht werden.

Die Einrichtungen sind im Sommer für die Kinder für zwei Monate geschlossen, jeweils ein Kindergarten und eine Krippe nur für vier Wochen. Die Mitarbeiterinnen nehmen in dieser Zeit ihren 26-tägigen Jahresurlaub. Die verbleibende Zeit dient der Vorbereitung auf das neue Kindergartenjahr.

„Nido" – die Kinderkrippe

Krippen heißen in Italien allgemein *„asilo infantilo"*, eine Bezeichnung, die den Aspekt des Bewahrens und Verwahrens in den Vordergrund stellt. In Reggio hat man die Bezeichnung „nido" (deutsch: „Nest") gewählt. Krippen als Ort der Geborgenheit, aber auch des Wachsens und Lernens.

Die Krippen sind in der Regel viergruppig. Die Gruppenstärke liegt je nach Alter zwischen 11 und 23 Kindern.

In der Krippe „Arcobaleno" (Regenbogen) sieht die Gruppeneinteilung bei insgesamt 66 Kindern wie folgt aus:

Gruppe I:	„lattanti"	3 bis 9 Monate	11 Kinder
Gruppe II:	„piccoli"	10 bis 18 Monate	14 Kinder
Gruppe III:	„medi"	19 bis 24 Monate	18 Kinder
Gruppe IV:	„grandi"	25 bis 36 Monate	23 Kinder

Jeder Gruppe sind zwei Erzieherinnen sowie eine Wirtschaftskraft zugeordnet, die ebenso wie die Köchin und die Kunsterzieherin in die pädagogische Arbeit integriert ist.

Für die Krippen gilt sowohl strukturell als auch inhaltlich alles, was hier für die Reggio-Pädagogik allgemein ausgesagt wird. Die Krippen partizipieren gleichberechtigt an den Leistungen des Pädagogischen Zentrums. Die thematische Arbeit vollzieht sich in Projekten, die in der Einrichtung dokumentiert werden. Zwei der Projekte, die unter den Stichworten „Projektinhalte" und „Projektplanung" kurz erläutert werden, sind Krippenprojekte. Auch die Ausstattung ist grundsätzlich jener in den Kindergärten vergleichbar. Sie unterscheidet sich lediglich da, wo dieses aufgrund des Alters der Kinder notwendig erscheint. So sind etwa die Spiegel bodennah angebracht, damit auch „Krabbelkinder" sich selbst und andere in einem anderen Medium erleben können. Was die Erzieherinnenqualifikation anbelangt, erfordert die Arbeit mit Klein- und

Kleinstkindern eine hohe Kompetenz, das Handeln der Kinder sowie ihre spezifischen Wünsche, Bedürfnisse und Interessen zu interpretieren. Da diesen Kindern Sprache als Mittel der Kommunikation noch nicht oder nur ansatzweise zur Verfügung steht, bedarf es gründlicher Kenntnisse der Eigenheiten frühkindlicher Artikulationsformen und des frühkindlichen Lernens, um den Kindern auf ihren Wegen folgen und ihnen Orientierungen geben zu können.

„Scuola dell'infanzia" – der Kindergarten

Wir verwenden den Begriff „Kindergarten" als Bezeichnung für die Einrichtung der Drei- bis Sechsjährigen hier analog zu unserem deutschen Verständnis. In Reggio heißen diese Einrichtungen *„scuole dell'infanzia"* (SCI), also „Schulen der Kindheit", was ausdrücklich inhaltlich zu verstehen ist und Konsequenzen für das Selbstverständnis und das Selbstwertgefühl der Mitarbeiterinnen hat. Außerdem grenzt man sich gegenüber der in Italien für Kindergärten üblichen *„scuola materna"*, das heißt „mütterliche Schule", als eigenständige Erziehungs- und Bildungseinrichtung ab.

Die Reggio-Kindergärten haben in der Regel drei Gruppen mit jeweils 25 Kindern. Für jede Gruppe sind zwei Erzieherinnen und eine Wirtschaftskraft zuständig. Daneben arbeitet in jeder Einrichtung eine Werkstattleiterin, die in der Regel ausgebildete Künstlerin ist, sowie eine Köchin.

4.4 Manches ist bei uns anders – von der altershomogenen Gruppe bis zum ReMida

Die Organisationsstruktur weist gegenüber deutschen Kindergärten einige Besonderheiten auf, die nicht nur – wie bereits ausgeführt – formaler Art sind, sondern die Bedeutung für das pädagogische Konzept haben. Diese Besonderheiten sind:

Altershomogene Gruppen

In den meisten Krippen und Kindergärten gilt nach wie vor das Prinzip der Altershomogenität. Zwei Argumente sprechen nach Ansicht der Reggianer für dieses Modell. Zum einen ist man der Ansicht, dass die Entwicklungsunterschiede auch innerhalb einer Jahrgangsgruppe groß genug sind, um wechselseitig anregende Impulse zu vermitteln. Zum zweiten sieht man in der Altershomogenität Vorteile bei der gezielten und systematischen Entwicklungsanregung im Rahmen der Projektangebote. Die Altersgruppen wechseln nach Ablauf eines Jahres ihren Gruppenraum, erleben damit ganz handfest, dass sie ein Jahr älter geworden sind, behalten jedoch in der Regel ihre Erzieherinnen.

„Bunte Teams"

Die personelle Ausstattung der einzelnen Einrichtungen kommt dem nahe, was vor einigen Jahren auch bei uns unter dem Stichwort „Bunte Teams" diskutiert wurde. Die Überlegung war, ob es für die kindliche Entwicklung nicht anregend sein könnte, wenn im Kindergarten neben den Expertinnen für Erziehung, den Erzieherinnen, auch andere Expertinnen arbeiten würden.

In Reggio hat man diese Frage bejaht. Unterschiedliche Berufsgruppen, jede auf ihre Art professionell ausgebildet, arbeiten hier gleichberechtigt zusammen. Neben den Erzieherinnen sind das die *„atelierista"*, die künstlerisch ausgebildeten Werkstattleiterinnen, und die Wirtschaftskräfte und Köchinnen. Alle verstehen sich als Teil des pädagogischen Personals, alle sind Mitglieder der unterschiedlichen Gremien, nehmen an den Fortbildungen teil, bringen in die Teamsitzungen ihre spezifischen Kenntnisse und Sichtweisen ein. Hinzu kommen noch die *„pädagogista"* meist Psychologen und Pädagogen des pädagogischen Zentrums, sowie der Puppenspieler; sie werden tageweise in den unterschiedlichen Einrichtungen eingesetzt.

Die Kinder profitieren von dieser Vielfalt. Sie erleben, wie Menschen unterschiedlicher Profession zusammenarbeiten, und können an deren verschiedenen Tätigkeiten teilhaben, von ihren beruflichen Kenntnissen lernen. Die Köchin ist nicht nur Köchin, sondern Modell für ein spezifisches Verhalten im Umgang mit Nahrungsmitteln, für eine spezifische Ess- und Tischkultur. Die Werkstattleiterin ist jemand, der die Dinge in besonderer Weise betrachtet und in der Lage ist, den Kindern zu einem besonderen Ausdruck zu verhelfen.

Die Mitarbeiterinnen erleben die Kompetenzen und Sichtweisen der jeweils anderen Professionen, bereichern so ihren eigenen, häufig professionell verengten Blick, öffnen sich für Andersartiges. Darüber hinaus

erleben sie sich als Teil eines Teams. Die Vereinzelung wird aufgehoben, die Verantwortung für das Gelingen oder Misslingen der Arbeit auf alle übertragen, der Einzelne damit entlastet.

Die gemeinschaftliche Leitung

Die Leitungsaufgaben der jeweiligen Einrichtungen werden ebenfalls gemeinschaftlich wahrgenommen. Eine Leiterin nach unserem Verständnis gibt es nicht. Alle anfallenden Aufgaben regelt der Leitungsrat, der alle zwei Jahre gewählt wird. Mitglieder sind alle Mitarbeiterinnen der Einrichtung, eine Fachberaterin des pädagogischen Zentrums und zu 50 Prozent Eltern, wobei die Anzahl der Elternvertreter durchaus höher sein kann. Interessierte Bürger können ebenfalls in den Leitungsrat gewählt werden. So hatte der Leitungsrat der SCI „Pablo Neruda" neben den 16 Mitarbeiterinnen eine interessierte Bürgerin sowie 31 Eltern als Mitglieder. Der Leitungsrat bildet Arbeitsgruppen, in denen, je nach Arbeitsaufwand, ein bis zwei Mitarbeiterinnen sowie zwei bis drei Eltern vertreten sein sollten.

Die „*segreteria*" koordiniert die Arbeitsgruppen, erledigt den anfallenden Schriftverkehr, hält den Kontakt zu Verwaltung und zum Pädagogischem Zentrum, ist Ansprechpartner für Eltern, Mitarbeiter und andere.

Die AG Pädagogik/Didaktik diskutiert und formuliert Ziele, plant deren Konkretisierung und evaluiert die durchgeführten Projekte. Daneben verfolgt die AG pädagogische Neuerscheinungen in Büchern und Zeitschriften, fasst wesentliche Beiträge zusammen und verbreitet sie auf Teambesprechungen oder bei Fortbildungen für Eltern und Mitarbeiterinnen. Einen weiteren Schwerpunkt dieser AG bildet die Einbindung der behinderten Kinder in die Arbeit. Eine dritte Arbeitsgruppe beschäftigt sich mit der Organisation des *„ambiente educativo"*, des erzieherischen Umfeldes. Sie bewertet die Innenräume, ihre Gestaltung und Ausstattung ebenso wie das Außengelände und macht bei Bedarf Veränderungsvorschläge. Darüber hinaus obliegen dieser AG die grundlegenden Verwaltungsaufgaben wie Neuanmeldungen, Monatsbeiträge etc. Je nach Bedarf gibt es weitere Arbeitsgruppen, die sich mit Öffentlichkeitsarbeit, Kultur und Ähnlichem befassen.

Die Leitungsräte der einzelnen Einrichtungen entscheiden weitgehend autonom über ihre Belange. Sie tun dies jedoch in einem abgestimmten Prozess. Teilnehmer dieses Abstimmungsprozesses sind einerseits die Fachabteilung der kommunalen Krippen und Kindergärten bei der Gemeinde Reggio, andererseits das Pädagogische Zentrum sowie der Zusammenschluss der Vertreter der Leitungsräte, der Verwaltungs- und Koordinationsleitungsrat der Gemeinde.

Das Pädagogische Zentrum

Für den hier dargestellten Zusammenhang ist das Pädagogische Zentrum von besonderer Bedeutung. Es fasst all die Mitarbeiterinnen und Mitarbeiter zusammen, die die pädagogische Arbeit vor Ort unterstützen.

Im Einzelnen sind das:

- die Fachberaterinnen (je eine pro vier Einrichtungen)
- eine Koordinatorin für integrative Erziehung
- ein Puppenspieler
- Mitarbeiterinnen für die wissenschaftliche Begleitung der Projekte und die Forschung
- das Amt für pädagogischen Austausch, das Tagungen organisiert und die Ausstellungstätigkeit betreut
- die Werkstatt- oder Atelierleiterinnen der einzelnen Einrichtungen.

Die im engeren Sinne pädagogischen Mitarbeiterinnen, wie Fachberaterinnen und Koordinatorinnen haben in der Regel einen Hochschulabschluss als Pädagogin oder Psychologin. Die Werkstattleiterinnen sind auf Werkkunst- oder Kunsthochschulniveau ausgebildete Künstlerinnen und Künstler. Sowohl die Fachberaterinnen als auch die Werkstattleiterinnen arbeiten im Allgemeinen vier Tage in der Woche in den Krippen und Kindergärten. Ein Tag dient der Koordination im Pädagogischen Zentrum. Damit ist ein permanenter, intensiver Austausch zwischen Praxis und Theorie gesichert.

Zu den zentralen Aufgaben des Pädagogischen Zentrums gehören:

- die Weiterentwicklung der Konzeption, der Arbeitsabläufe und der Zusammenarbeit mit den Eltern
- die Projektentwicklung, die Erstellung von Arbeitsplänen und didaktischen Hinweisen zur Durchführung der Projekte
- die Beteiligung an der Umsetzung in den Einrichtungen
  - durch die Arbeit der Werkstattleiterinnen, die aufgrund ihrer künstlerischen Ausbildung Gestaltungstechniken, Darstellungsmöglichkeiten und Ausdrucksformen einbringen
  - durch die pädagogischen Beraterinnen, die die praktische Arbeit in ihren vier Einrichtungen an jeweils einem Tag begleiten und deren Entwicklung in Teamsitzungen mit allen Mitarbeiterinnen reflektieren
  - durch schriftlich fixierte Projektbeschreibungen, die konkrete pädagogische Anregungen enthalten, Ziele formulieren und einen zeitlichen Rahmen vorgeben
- die Auswertung der Projekte und Dokumentationen
- die praxisbezogene Fortbildung

Der Fortbildung, die häufig an den Wochenenden stattfindet, wird große Aufmerksamkeit geschenkt. Sie ist, neben der permanenten fachlichen Auseinandersetzung in den jeweiligen Einrichtungen, ein bedeutsamer Teil der auf die spezifischen Bedürfnisse der Arbeit in Reggio bezogenen zweiten Erzieherinnenausbildung. Im Mittelpunkt stehen konkrete Arbeitsvorhaben, die Weiterentwicklung der konzeptionellen Arbeit, aber auch die Vermittlung neuer Arbeitstechniken.

Das ReMida

Dass Reggio-Pädagogik sich permanent weiterentwickelt, zeigt nicht zuletzt das ReMida-Zentrum, das allen Einrichtungen zur Verfügung steht und auch intensiv genutzt wird. Der Name setzt sich zusammen aus „Re" für Reggio, aber auch für Recycling, und „Mi" für Midas, den sagenhaften griechischen König, dem alles, was er berührte, zu Gold wurde (leider auch Essen und Trinken!). Hier werden alle erdenklichen wiederverwertbaren Materialien gesammelt, für eine Nutzung aufbereitet (d.h. im Wesentlichen gereinigt), sortiert und in Regalen anregend präsentiert. Bunte Plastikplanen liegen neben ehemaligen Yoghurtbechern, Kartons neben Styroporverpackungen, Teppichreste neben Sammlungen von Knöpfen und Reißverschlüssen, Eierkartons neben Gummiringen. Alles wartet darauf, in einem der kommenden Projekte als anregendes Material für kindliche Phantasie zu neuen Ehren zu kommen.

5 Wenn Puppen zu Komplizen werden – Aspekte der praktischen pädagogischen Arbeit

5.1 Der Tagesablauf

Die Gruppenräume, die sogenannten „*sezione*", sind die zentralen Anlaufpunkte für die Kinder der altershomogenen Gruppen. Anlaufpunkte will sagen, dass die Kinder sich hier nicht ständig aufhalten, sondern nur zu bestimmten, sich jedoch täglich wiederholenden festen Zeiten. Um 9.00 Uhr versammeln sich die Kinder der „*sezioni*" zur gemeinsamen Morgenrunde, dem „*appello*". Hier wird die Anwesenheit festgestellt, auf laufende Projekte und sonstige Aktivitäten hingewiesen.

Zwischen 9.30 Uhr und 11.30 Uhr finden dann die thematischen, d.h. von Erzieherinnen oder sonstigen Mitarbeiterinnen angeleiteten Arbeiten und Projekte entweder im Gruppenraum, im Miniatelier oder im Atelier statt. Häufig sind Kinder im Rahmen von Projektaktivitäten zu dieser Zeit auch zu Erkundungen in der Stadt unterwegs. Thematische Arbeit und Projektarbeit finden täglich statt und nehmen etwa eine Stunde in Anspruch. Im Anschluss haben die Kinder Gelegenheit, auf der Piazza, im eigenen oder in anderen Gruppenräumen zu spielen. Einige nutzen die Zeit, um weiter in ihren Projekten zu arbeiten, andere helfen der Köchin bei der Zubereitung des Mittagessens.

Gegen 11.30 Uhr versammeln sich die Kinder erneut in ihren Gruppenräumen zu ihren wöchentlich wechselnden Diensten. Der Tischdienst deckt im Kinderrestaurant die Tische und bereitet alles Notwendige für das gemeinsame Mittagessen vor. Der Bettendienst baut im Schlafraum die Klappbetten auf und richtet sie für die verbindliche Mittagsruhe her. Daneben gibt es noch Aufräumdienste, Pflanzendienste und, wenn Kleintiere gehalten werden, Pflegedienste. Um 12.00 Uhr folgt das gemeinsame Mittagessen, bis 14.30 Uhr herrscht Mittagsruhe. Gegen 15.30 Uhr endet der Dienst der Erzieherinnen. Hilfskräfte betreuen die Kinder bis zu den unterschiedlichen Abholzeiten.

5.2 Spiel und thematische Arbeit

Wie oben bereits angedeutet, unterscheiden die Reggianer bei den kindlichen Aktivitäten zwischen dem freien Spiel und der thematischen Arbeit, vergleichbar mit dem, was die deutsche Elementarpädagogik „Angebot" nennt. Während das Freispiel in bundesdeutschen Kindergärten im Laufe des Vormittags einen großen Raum einnimmt und von der Erzieherin geplante Angebote eher die Ausnahme bilden, erscheint der reggianische Kindergartentag eher durch die Erzieherinnen und ihre geplanten Aktivitäten dominiert. Oft vermischen sich auch freies Spiel und thematische Arbeit, beziehen sich aufeinander, durchdringen sich.

Das freie Spiel wird durch die räumliche Ausstattung permanent inspiriert, wobei auffällt, dass die in deutschen Kindergärten gebräuchlichen Regel- oder Lernspiele fast völlig fehlen. Dabei gibt es jedoch von Einrichtung zu Einrichtung Unterschiede. Gemessen am deutschen Verständnis von Spielzeug könnte man fast von spielzeugfreien Kindergärten sprechen.

Bei den Spielen sind vier Gattungen von besonderer Bedeutung: das Puppenspiel, aus dem sich oft die zweite Gattung, das darstellende Spiel – z.B. als Schattenspiel – entwickelt. Darüber hinaus gibt es das Konstruktionsspiel sowie Erkundungsspiele. Für diese vier bevorzugten Spielgattungen gilt, dass das freie Spiel vielfach von Erwachsenen angeregt, inspiriert und begleitet wird und zwar nicht, um Kindern die Möglichkeit zum experimentellen und entdeckenden Lernen zu nehmen, sondern um ihnen die Vielfalt zu eröffnen, die innerhalb der jeweiligen Gattungen steckt.

Das Puppenspiel

Reggio verfügt als einzige Kommune Italiens über einen fest angestellten Puppenspieler für Kinderkrippen und Kindergärten. Mario Dolci war zunächst Mathematiklehrer, bevor er elf Jahre lang als freier Puppenspieler durchs Land zog. 1973 kam er nach Reggio und blieb. Dolci hat im Pädagogischen Zentrum eine Werkstatt, in der er sich mit der Herstellung von Handpuppen, Masken, Marionetten und Schattenspielen befasst. Alle Tagesstätten in Reggio können die Dienste dieser Werkstatt in Anspruch nehmen.

Entgegen der allgemeinen Ansicht betont Dolci die Ernsthaftigkeit im Spiel der Puppen. Erst wenn sich Erzieherinnen dessen bewusst sind, können sie deren Möglichkeiten ausschöpfen. Deshalb wendet er sich auch dagegen, Kindern die Puppen zum freien Spiel zu überlassen:

„Keiner wird den Kindern einfach einen Pinsel oder eine Flöte in die Hand geben und sagen, dass sie den Umgang damit alleine lernen. Während der Pinsel nicht nur Spielzeug ist, sondern Werkzeug um zu arbeiten, bleibt die Puppe immer einfach nur Spielzeug. Und deshalb geben die Puppen den Tagesstätten wenig Niveau, weil man sehr wenig von ihnen verlangt.“ (zit. nach Krieg 1993, S. 69)

Dolci setzt das Puppenspiel vorwiegend dazu ein, Kindern Gelegenheit zu geben, Erfahrungen aus der eigenen Lebenswelt zu vergegenwärtigen und Erlebnisse zu verarbeiten. Vielfach werden seine Puppen dabei zu Komplizen der Kinder, die in der Nase bohren oder nicht gehorchen. Damit eröffnet er Kindern eine lustvolle, spielerische, für ihre Entwicklung sinnvolle Form der Daseinsbewältigung. Die Kinder können zwischen zwei Rollen wählen: Als Zuschauer können sie etwa ihre Gefühle auf die Puppe projizieren und damit Hilfe erlangen, als Puppenspieler können sie durch die Quasirealität ihre Wünsche, Gefühle und Probleme auszudrükken. Im Tun-als-ob eröffnet sich den Kindern eine Möglichkeit, andere Identitätsentwürfe auszuprobieren und zwischen Spiel und Realität mit sich selbst zu experimentieren. Das Spiel mit Realität und Fiktion provoziert Kinder, die Welt aus verschiedenen Perspektiven zu betrachten und regt zum Nachdenken an.

Darstellendes Spiel und Schattenspiel

Eine Form des darstellenden Spiels, mit dem Mario Dolci seit Jahren experimentiert, ist das Schattenspiel. Vom Schatten geht seit Menschengedenken eine besondere Faszination aus, derer sich Dolci in vielfältiger Weise bedient. Seine Einsichten stützen sich auf seine langjährigen Beobachtungen in Reggio.

Das Schattentheater ist eine Möglichkeit des Spiels mit dem Schatten. Man kann es sehr leicht selber aufbauen: Ein Bettlaken mit einem schwarzen Streifen als Begrenzung und eine Lampe als Lichtquelle reichen aus. Mit aus Draht geformten Figuren, Stabpuppen, realen Gegenständen oder den Körpern der Kinder können szenische Spiele improvisiert oder Situationen zum Erraten dargestellt werden. Durch die Veränderung der Entfernung zur Lichtquelle vergrößern beziehungsweise verkleinern sich die Objekte und führen zu überraschenden und die Kinder faszinierenden Erlebnissen.

Wie durch den Schatten und seine Bewegung im Verlauf des Tages Kindern zeitliche Vorgänge bewusst gemacht werden können, schildert Dolci anlässlich eines Workshops im Rahmenprogramm der Reggio-Ausstellung in Berlin im Juni 1991 (Dolci 1992, S. 50). An einem Fenster, das in Richtung Süden liegt, wird die Schablone einer Schwalbe angebracht. Am Morgen befindet sich der Schatten am Boden. Dolci provoziert die Aufmerksamkeit der Kinder, indem er vorgibt, den Schatten nicht mehr sehen zu wollen. Er nimmt ein schwarzes Papier und klebt den Schatten ab. Nach einer halben Stunde lenkt er die Aufmerksamkeit erneut auf den Schatten, der, obwohl abgeklebt, weitergewandert ist. Die Kinder entwickeln eine Fülle von Theorien, die sie durch Versuche, die sich über mehrere Tage erstrecken, überprüfen.

Das Konstruktionsspiel

Beim Stichwort Konstruktionsspiel denken sicher viele an Lego und ähnliche, in bundesdeutschen Kindergärten übliche Materialien. Diese gibt es in Reggio auch, aber selten. Konstruiert wird hier eher mit Natur- und Alltagsmaterialien wie Drähten, Bändern, Hölzern, Rollen etc. Ein weiterer Unterschied liegt darin, dass die Konstruktionen oft Größenordnungen erreichen, die den Rahmen des Gruppenraumes sprengen, sich in Fluren und anderen Gruppenräumen fortsetzen. Das ruft oft Diskussionen mit anderen Kindern und dem Reinigungspersonal hervor, wie lange die Bauwerke ausgestellt werden dürfen.

Das Erkundungsspiel

Erkundungsspiele dienen dazu, Gegenstände mit allen Sinnen zu begreifen. Das setzt voraus, dass die Kinder mit dem echten Gegenstand in Berührung kommen. So liegen Kindern beim Malen oder Modellieren mit Draht oder Ton in der Regel die realen Gegenstände vor, nicht mit dem Ziel, dass sie realitätsgetreue Abbildungen der Wirklichkeit schaffen, sondern um sie anzuregen, genau hinzusehen, anzufassen, zu riechen und all diese Erfahrungen in ihre Produkte einzuarbeiten. Der genauen Untersuchung dienen in Reggio vielfältige technische Geräte wie Leuchttische, Dia- und Overhead-Projektoren zur Durchleuchtung und Vergrößerung, die den Kindern ermöglichen, intensiv in die Struktur von Gegenständen einzudringen.

Generell ließe sich zur thematischen Arbeit in Reggio sagen, dass es nicht so sehr darum geht, möglichst Vieles kennenzulernen, sondern sich auf Weniges zu konzentrieren und dieses mit den „hundert Sprachen des Kindes" zu umkreisen und zu untersuchen und dem Kind Möglichkeiten des Ausdrucks mit unterschiedlichen Materialien zu geben. Thematische Arbeit findet im Gegensatz zur Projektarbeit in Form kurzzeitiger Angebote mit wechselnden Inhalten statt.

5.3 Beobachtung

Wer als langjähriger Lehrer an einer Fachschule für Sozialpädagogik oder in anderer Funktion häufig Gelegenheit hatte, seine Vormittage in deutschen Kindergärten zu verbringen, wird der folgenden Einschätzung zustimmen: Entgegen allen Beteuerungen von Erzieherinnen führt die systematische Beobachtung von Kindern ein Schattendasein. Wir wollen hier gar nicht von der Aufzeichnung des Beobachteten und seiner Diskussion im Team reden. Das ist gar nicht als Kritik gemeint. So, wie deutsche Kindergärten in aller Regel organisiert und personell besetzt sind, ist tatsächlich häufig keine Zeit, Kinder und ihre täglichen Aktivitäten zu beobachten.

Für das, was die Mitarbeiterinnen in Reggio tun, passt eher der Begriff des Sammelns als der des Beobachtens. Die Beobachtung ist nur ein Teilaspekt der vielfältigen Aktivitäten, mit denen die Erzieherinnen zu ergründen versuchen, wie es den Kindern geht, was sie bewegt, was sie interessiert, welche Themen sie gerade beschäftigen, wie sie auf Anregungen der Mitarbeiterinnen reagieren.

Die Erzieherinnen verbringen viel Zeit damit, Dialoge und Spielhandlungen von Kindern akribisch aufzuzeichnen:

- Dialoge der Kinder werden mit Hilfe von Aufnahmen festgehalten.
- Produkte der kindlichen Aktivitäten, Bilder, Bastelarbeiten werden sorgfältig archiviert, um sie zu gegebener Zeit zum Gegenstand interpretierender Diskussionen im Team machen zu können.
- Kinder werden in alltäglichen Situationen fotografiert, wer spielt mit wem, wie ist die Stimmung, bilden sich getrennte Jungen- und Mädchengruppen.

Alles, was die Kinder tun, ist wert, ernst genommen zu werden. Alles kann wichtig sein oder werden. Alles kann Mitteilungen über die Befindlichkeit der Kinder enthalten. Die hundert Sprachen der Kinder zu verstehen, erfordert, allem, was sie in welcher Form auch immer äußern, Beachtung und Aufmerksamkeit zu schenken. Die Beobachtung ist flüchtig. Der beobachtete Moment ist nicht reproduzierbar. Er wird für die beobachtende Erzieherin und ihre Kolleginnen erst dann zum Material für eine Interpretation, wenn er für alle verfügbar ist. Ton- und Videoaufzeichnungen können vor- und zurückgefahren werden. Sich ein Foto ein zweites und drittes Mal ansehen zu können, eröffnet die Chance, etwas zu entdecken, was man beim ersten Mal übersehen hat.

Bei all diesen Aktivitäten ist die leitende Frage: Welche Konsequenzen für unser pädagogisches Handeln ziehen wir aus unseren Einsichten?

5.4 Projektarbeit

Der Projektbegriff

Die Projektarbeit kann als das Herzstück der Reggio-Pädagogik betrachtet werden. Knauf hat fünf Punkte herausgearbeitet, die charakteristisch für die reggianische Projektkonzeption sind (Knauf 1998a, S. 5 f.):

- das optimistische Bild vom Kind, das sich aktiv mit sich, seiner gegenständlichen und sozialen Umwelt auseinandersetzt
- ein Lernbegriff, der Lernen als entdeckendes und forschendes Lernen versteht
- die Rolle der Erzieherin, der Erwachsenen, als Begleiterinnen und Dialogpartnerinnen
- die Gewinnung der Projektinhalte aus dem Alltag und ihre Eingebundenheit in den Alltag der Tageseinrichtungen und ihres Umfeldes
- die sinnlich-gegenständliche Dokumentation des Projektprozesses, der Ergebnisse und der Projektauswertung

Projektinhalte und Projektplanung

Woher bekommen die Erzieherinnen die Impulse für Projekte? Was kann zum Projektinhalt werden? Wie werden die Kinder an der Planung und Durchführung von Projekten beteiligt?

Ausgangspunkt für Projekte können zufällige Beobachtungen von kindlichen Aktivitäten sein. Eine Erzieherin berichtet:

„Uns ist ein Mädchen von 28 Monaten aufgefallen, das draußen in der Sonne vor einer kleinen Mauer stand, auf die sein Schatten fiel, und wir sahen, dass es seinen Schatten ansah. Das war zu einer Jahreszeit, in der es vorkommt, dass Wolken die Sonne verdecken. Und so war es auch: Eine Wolke schob sich vor die Sonne. Auf der Mauer verschwand der Schatten des Kindes. Das Kind war offensichtlich erstaunt, dann lief es um die kleine Mauer herum, augenscheinlich um zu sehen, wo der Schatten geblieben sei. Denn das Mädchen guckte nicht nur hinter der Mauer nach, sondern lief auch zu einem Auto, um darunter nachzuschauen." (Filippini o. J., unveröffentlichter Vortrag)

Hieraus entstand das in der Reggio-Pädagogik berühmt gewordene Schattenprojekt.

Eine weitere Möglichkeit ist, dass die Kinder konkrete Fragen stellen oder in den Morgenversammlungen eigene Projektvorschläge einbringen. Malaguzzi beschreibt, wie solche Versammlungen ablaufen:

„Es geschieht in den Versammlungen des ‚Was tun?', dass die Idee Gestalt annimmt. Welche das ist, wird man allerdings erst am Ende von 100 Gedankensprüngen wissen, wenn die Kinder es entscheiden. Manchmal ist die Idee nicht zufriedenstellend oder findet nicht genug Zustimmung: Überhaupt keine Katastrophe. Man verschiebt einfach alles auf die Versammlung von morgen. Es geht darum, dass alle zusammen eine besondere Idee finden, auf die die Arbeit hingesteuert wird, und wenn sie es wert ist oder gut gelingt, kann diese Arbeit eine ganz schöne Zeit dauern, Wochen oder sogar Monate. Jedes Kind kann seine Ideen äußern; dann muss man sehen, wie sie von den Kameraden aufgenommen werden. So fliegen die Ideen durch den Raum, werden zurück geschleudert, häufen sich, erheben sich von neuem, verschwinden einfach oder lösen sich einfach in nichts auf, bis dann endlich eine von ihnen entschieden die Oberhand gewinnt, bis in höchste Höhen fliegt und siegreich das gesamte Parlament überzeugt. Wie auch immer, es ist die angenommene Idee, die dann ihrerseits die Kinder und die Erzieher annimmt." (Malaguzzi 1997a, S. 20)

Ein Beispiel: Die Kinder beschließen, im Park der Einrichtung einen kleinen Teich für Vögel entstehen zu lassen, an dem diese ihren Durst löschen können. Im Laufe der weiteren Beratungen entsteht schließlich das Projekt: ein „Vergnügungspark für Vögel" mit Schaukeln, kleinen Häusern, einem Springbrunnen, der über ein System von Schläuchen gespeist wird. Wie ein Springbrunnen funktioniert, wird bei einem Spaziergang in die Stadt erkundet. Es werden Fotos und Skizzen gemacht, Theorien aufgestellt und im Versuch überprüft. Während der „Arbeit" beschreiben die Kinder, was sie gerade tun.

Häufig ergeben sich Projekte aber auch aus der Analyse der vielfältigen Aufzeichnungen kindlicher Aktivitäten, die wir im Kapitel „Beobachtung" (s. Abs. 5.3) dargestellt haben. All diese Materialien werden im Team gesichtet und diskutiert. Ergebnis der Diskussion kann ein Projektthema sein.

Projektthemen müssen aber nicht immer unmittelbar auf kindliche Vorschläge, Fragen oder beobachtetes Verhalten zurückgehen. Gegenstand eines Projektes können auch Themen sein, die die Erzieherinnen einbringen oder die von außen, z.B. aus der Kommune heraus, an den Kindergarten herangetragen werden. Ein Beispiel ist das Projekt „Wie Kinder unsere Stadt sehen", an dem alle kommunalen Krippen und Kindergärten teilgenommen haben. Anlass für dieses Projekt war die Wahl der Leitungsgremien und der daraus entstehende Wunsch, die neuen Elternvertreter über ein gemeinsames Projekt noch aktiver in die praktische Arbeit einzubinden. Was bot sich besser an als die Stadt, in der alle leben und arbeiten.

Die intensive Planungsarbeit im Vorfeld eines Projektes im gesamten Team, einschließlich der Mitarbeiterinnen des Pädagogischen Zentrums, dient dazu, sich selbst sachkundig zu machen, Projektvarianten zu eröffnen, organisatorische Regelungen zu treffen. Aufgabe der Planung ist es nicht, den Kindern eine bestimmte Abfolge der einzelnen Projektschritte oder gar ein definiertes Produkt vorzuschreiben.

„Ich bin auf der Seite derer, die Planung nicht als eine rigide Abfolge von Programmen verstehen. Erziehungsplaner sagen, Erzieher dürfen nicht improvisieren und sie dürfen keine Haltung einnehmen, die irgend etwas dem Zufall überlässt. Von einem gewissen Standpunkt aus könn-

ten sie Recht haben. Aber andererseits haben sie Unrecht. Sie erniedrigen die Erzieher, weil sie ihnen nicht zutrauen, mit Situationen von Diskontinuität als Teil der Kontinuität umzugehen. ... Planung sollte viel Raum lassen, damit die Theorien der Kinder darin ihren Platz finden können. Planung sollte einen Rahmen bilden, der Möglichkeiten für Fragen, Experimente und anderes zulässt." (Malaguzzi 1992, S. 108)

Ein solches Verständnis von Planung erfordert, sich mit der Thematik und den in ihr liegenden Möglichkeiten intensiv auseinanderzusetzen, um flexibel auf unterschiedliche Verläufe reagieren zu können, ohne dabei die gestellte Aufgabe und die Ziele aus dem Auge zu verlieren.

Außerdem kommen Kinder bei anspruchsvollen, über mehrere Wochen laufenden Projekten oft in Krisen. Diese können etwa darin bestehen, dass sie sich zu viel vorgenommen haben, dass die benötigten Kenntnisse und Fertigkeiten nicht ausreichen oder dass die erforderliche Frustrationstoleranz fehlt. Das Durchleben der Krise, die Lösung des Problems und damit die Überwindung der Krise allein oder mit Hilfe der Erzieherin hat für Kinder vielfältige, die Entwicklung begünstigende Momente. Auf solche Situationen vorbereitet zu sein, erfordert ein hohes Maß an vorausschauender Planung. Diese Art der Vorausschau

„*ermöglicht uns die Formulierung präziser Ziele, das heißt wir müssen nicht jeden Tag ständig neu improvisieren, sondern können planvoll handeln. Ein Konzept entwickeln heißt für uns, die Kinder beobachten, im Team darüber reden, Vorschläge machen und sehen, ob diese für die Kinder interessant sind.*" (Eine Erzieherin aus der Krippe Rodari zit. nach Dreier 2007, S. 127)

Die Planung ist Teil eines Prozesses, der aus kontinuierlicher Beobachtung, Handlung und Reflexion besteht. Planung heißt also nicht Verplanung der Kinder.

„*Unsere Aktivitäten müssen sich auf das Kind beziehen, das wir vor uns haben, nicht auf das Kind, das nur in theoretischen Entwicklungsmodellen existiert.*" (Dreier 2007, S. 129)

Im Verlauf der Projektentwicklung können einzelne Kindergruppen auch unterschiedliche Wege einschlagen. Im Kindergarten Balducci zeigte sich, dass die Kinder in der Stadt drei Dinge besonders faszinierend fanden: den Brunnen mit einer Statue in der Mitte, die Tauben und die den zentralen Platz umschließenden Villen. Eine Gruppe entwickelte einen Plan, wie man zu der Statue gelangen könne. Es entwickelten sich Aktivitäten rund um Piraten; Stadtpläne wurden mitgebracht, und eigene Pläne wurden gezeichnet. Eine zweite Gruppe sah den Brunnen als Bar für die Tauben, während eine dritte ein Modell des Platzes und der ihn umgebenden Stadtvillen erstellte.

Am Anfang des Projekts stand die einheitliche Ausgangsfrage: „Wie sehen Kinder die Stadt?" Davon ausgehend entwarfen die Fachberaterinnen einen Katalog von weiteren Fragen zur Stadt, der in allen Einrichtungen als Einstieg in die Thematik verwendet wurde. Die Antworten der Kinder bestimmten den weiteren Verlauf des Projekts und führten zu weiteren Fragen. Verallgemeinernd könnte man sagen: Der reggianische Projektverlauf lebt von der Kunst der Erzieherinnen, Fragen zu stellen. Dazu an anderer Stelle mehr.

5.5 Portfolios und „sprechende Wände" – Qualitätssicherung und Qualitätskontrolle

Aufgrund des bisher Dargestellten dürfte deutlich geworden sein, dass Qualitätssicherung und -kontrolle in Reggio sich nicht in Form standardisierter Fragebögen vollzieht, deren Entwicklung in der deutschen Qualitätsdiskussion eine große Rolle spielt. Ein solches Verfahren würde dem offenen, experimentellen, prozesshaften Charakter des Ansatzes nicht gerecht – von der hohen Motivation der Mitarbeiterinnen aufgrund der strukturellen Aufwertung ihres Berufs und der öffentlichen Wertschätzung ihrer Tätigkeit einmal abgesehen. Die Reggianer arbeiten in einem öffentlichen Raum, auf der kommunalen Ebene durch die starke Einbindung von Eltern, Bürgerinnen und Bürgern sowie Kommunalpolitikern, auf der nationalen Ebene infolge der erhöhten Aufmerksamkeit, die die italienische Fachöffentlichkeit dem Projekt inzwischen schenkt. Darüber hinaus genießt der Ansatz ein großes internationales Ansehen mit der Folge, dass sich fast ständig Gruppen von Interessierten aus aller Welt in Reggio aufhalten, um von der Arbeit für ihre eigene Praxis zu profitieren. Diese externen Faktoren erzwingen geradezu eine Arbeit auf höchstem qualitativen Niveau.

Intern wird Qualität gesichert und kontrolliert durch die bereits im Kapitel über Organisation (s. Kap. 4) beschriebenen Elemente Gemeinschaft und Vernetzung. Durch die gemeinschaftliche Arbeit und die permanente Diskussion der Tätigkeit in den unterschiedlichsten Gruppen innerhalb der einzelnen Einrichtungen ist sichergestellt, dass qualitative Verschlechterungen schnell bemerkt würden. Die Vernetzung des Einzelkindergartens mit den anderen Einrichtungen und den Mitarbeiterinnen des Pädagogischen Zentrums führt zu einem ähnlichen Effekt. Damit nicht genug: Die unterschiedlichen Formen der Dokumentation der Entwicklung des einzelnen Kindes sowie der laufenden Arbeiten und deren Ergebnisse sichern die hohen Arbeitsstandards zusätzlich.

Man unterscheidet zwei Formen:
- die Dokumentationsmappe („diari")
- die Dokumentation in Form von sogenannten „sprechenden Wänden"

Diese zwei Dokumentationsformen leisten den Übergang vom Dialog zwischen Erwachsenen und Kindern zu dem zwischen Erwachsenen und Erwachsenen, Mitarbeiterinnen der Einrichtung und der Öffentlichkeit. Außerdem bieten sie Kindern Gelegenheit, mit ihren Produkten und mit ihrer eigenen Entwicklung in Dialog zu treten.

Die Dokumentationsmappe

Die Dokumentationsmappe entspricht dem, was in der deutschen Diskussion „Portfolio" genannt wird. In einer Dokumentationsmappe wird die Lern- und Entwicklungsgeschichte eines jeden Kindes festgehalten. Die Mappe enthält Fotos aus unterschiedlichen Entwicklungsphasen, die vielfach durch kurze Texte der Erzieherinnen erläutert werden. Sie zeigen das Kind bei Projektaktivitäten oder Alltagsbeschäftigungen. Die Mappe enthält außerdem eine Fülle von Produkten, die das Kind im Laufe seiner Kindergartenzeit erstellt hat. Vielfach entscheiden die Kinder darüber, welches Bild oder welches sonstige Ergebnis ihrer vielfältigen Aktivitäten in die Mappe aufgenommen werden soll. Mit der Zeit wird das Portfolio zu einer immer aussagekräftigeren Geschichte individuellen Lernens. Sie ermöglicht den Mitarbeiterinnen der Einrichtungen, aber auch den Eltern, sich permanent über die Aktivitäten und die Entwicklung der Kinder zu informieren. Das Kind selber kann anhand seiner Produkte seine eigene Entwicklung nachvollziehen, seine eigenen Leistungen erkennen, reflektieren und schätzen. Nicht selten dient die Mappe beim Übergang in die Schule als Abschiedsgeschenk an die Kinder.

Sprechende Wände

Die Bezeichnung „sprechende Wände“ bezieht sich auf die Wände des Kindergartens, von denen viele vom Boden bis zur Decke behängt sind mit Fotos, gemalten Bildern und Texten, die die gemeinsame Arbeit in der Einrichtung verdeutlichen. Hier werden Projekte in allen Phasen dargestellt, von der Planung über die Durchführung bis zu den Ergebnissen und der kritischen Auswertung. Häufig werden Fotos als Serien präsentiert, um Arbeitsprozesse in ihrer Entwicklung, ihrem Ablauf deutlich und nachvollziehbar zu machen. Detailaufnahmen oder Vergrößerungen zeigen die Neugier und die Freude der Kinder beim Entdecken einer für sie neuen Welt. Die sprechenden Wände werden im Verlauf eines Projektes permanent weiterentwickelt, umgehängt und/oder da neu gestaltet, wo Projekte eine andere, auch für die Mitarbeiterinnen überraschende Veränderung erfahren. Sie sind also nicht statisch, sondern prozessorientiert, spiegeln immer nur einen momentanen Stand der Erkenntnis und der Arbeit wieder. Durch eine spezifische Weise der Anordnung von Materialien oder etwa der farblichen Hervorhebung von Details ermöglichen sie den Erzieherinnen, die Gedankenwege der Kinder zu strukturieren, sichtbar zu machen und noch ein Stück besser zu verstehen, wie Kinder ihre Welt begreifen und sich aneignen.

Auffällig ist die Qualität der Dokumentationen, die Sorgfalt, mit der sie erstellt werden, und das Bemühen, die Lern- und Erfahrungsprozesse der Kinder auf vielfältige Weise darzustellen, mithin mehrere Sprachen zu benutzen: das reale Objekt in einer Vitrine, als Kopie in einer ausliegenden Broschüre, als Plakat, als Dia an die Wand projiziert, als Kinderzeichnung mit einem Kommentar des Kindes versehen, der Ablauf dargestellt als Ton- und/oder Videoaufzeichnung. Vielen Dokumentationen merkt man an, dass sie Ergebnis der Zusammenarbeit von Erzieherinnen und Künstlerinnen sind. Oft ist es nicht leicht, aus der Fülle der Materialien das Geeignete auszuwählen. Eine Erzieherin:

„Wir diskutieren und streiten viel; wir halten jeden kleinen Fortschritt fest, sowohl über kurze, mittlere, als auch über längere Zeiträume. Es kommt darauf an, wofür wir die Dokumentation brauchen, für längere Projektberichte oder für den Austausch mit anderen Einrichtungen über gemeinsame Themen oder für die eigene Arbeit, den Alltag und die Diskussion mit den Eltern. Wir nutzen jede freie Zeit dafür, also auch wenn die Kinder schlafen oder eben gerade Zeit ist. Zweieinhalb Stunden in der Woche stehen uns offiziell dafür zur Verfügung." (Bree 1999, S. 7)

Was soll durch die unterschiedlichen Formen der Dokumentation erreicht werden?

- Sie informieren Eltern über die Entwicklung ihrer Kinder.
- Sie regen das Gespräch der Eltern untereinander an.
- Sie beziehen Eltern, Öffentlichkeit, Kinder, Mitarbeiter und Mitarbeiterinnen in laufende Arbeitsprozesse ein.
- Sie geben Einblick in Arbeitsweisen, Denkbewegungen, Vorstellungen und Gefühle von Kindern.
- Sie dienen der Strukturierung von Projekten, ermöglichen allen Beteiligten, den jeweiligen Stand der Arbeit nachzuvollziehen und weitere Schritte zu planen.
- Sie zeigen die Wertschätzung kindlicher Produkte.
- Sie ermöglichen den Kindern die Identifikation mit dem eigenen Produkt.
- Sie vermitteln ihnen ein Bewusstsein für die eigene Entwicklung.
- Sie fördern Ich-Stärke und Selbstbewusstsein.
- Sie fördern die Wahrnehmungsfähigkeit.
- Sie ermöglichen, sich selbst und andere als fähige, schaffende, Realität verändernde Individuen zu erleben.
- Sie erlauben, sich individuell und gemeinsam an Arbeitsprozesse zu erinnern. Sie schaffen darüber hinaus Transparenz der Arbeit nach innen und außen.
- Sie sind Grundlage für interne und externe Diskussions- und Austauschprozesse über die Qualität der Arbeit.
- Sie sind Teil des Selbstbildungsprozesses der Erzieherinnen.
- Sie vermitteln Kindern und Mitarbeitern ein Gefühl von Geborgenheit und Stolz (leben im „selbst-gestalteten Raum").

- Sie vermitteln der Fachöffentlichkeit, den zahlreichen Besuchern aus dem In- und Ausland einen lebendigen Einblick in die Arbeit der Einrichtungen und ermöglichen ihnen eine Einschätzung der pädagogischen Qualität.

5.6 Die Rolle der Erwachsenen

Ausgehend von den demokratischen Grundprinzipien der Reggio-Pädagogik spricht Malaguzzi nicht von der Erzieherrolle, sondern allgemein von der Rolle der Erwachsenen. Wenn im Folgenden von Erzieherinnen und Erziehern die Rede ist, sind immer alle am Erziehungs- und Bildungsprozess beteiligten Erwachsenen gemeint.

Von den Potenzialen der Kinder ausgehen

Die Ziele im reggianischen Erziehungs- und Bildungskonzept sind Ergebnis einer gemeinsamen permanenten Suchbewegung aller an diesem Prozess Beteiligten. Anstelle der Erzieherin als Vermittlerin von nur Erwachsenen zugänglichen, „wahren" Einsichten und Erkenntnissen, tritt die Begegnung von Kind und Erwachsenem, vermittelt über einen Gegenstand oder ein Problem, der oder das aufklärungsbedürftig ist. Beide Seiten haben Fragen. Beide Seiten umkreisen erforschend das Problem. Aufgabe des Erwachsenen ist es, diesen Prozess so zu organisieren und zu strukturieren, dass neue, tiefere Einsichten gewonnen und Erfahrungen gemacht werden können, die das bisher Gewusste in einem anderen, unbekannten Licht erscheinen lassen. Dabei wird darauf verzichtet, die gewonnenen Einsichten der Kinder zu korrigieren. Eine solche Korrektur würde nach Ansicht der Reggianer weitergehende Such- und Forschungsarbeiten des Kindes behindern. Jede Antwort des Erwachsenen verhindert weiteres forschendes, fragendes Verhalten des Kindes. Seine Aufgabe ist nicht in erster Linie die Weitergabe seiner Erfahrungen, sondern das Erkennen der dem Kind eigenen Möglichkeiten. Seine Aufgabe ist, wie Malaguzzi sagt, das Kind zu ermutigen, seine eigenen, vielfältigen Quellen sprudeln zu lassen. Erzieherische Aktivität gilt immer dem kindlichen Selbst-Finden, Selbst-Erfahren, Selbst-Tun.

Die Aktivität der Erzieherin sieht Malaguzzi im Spannungsverhältnis zahlreicher Faktoren: den Kindern Zeit zu lassen, Dinge zu erfassen, auszuprobieren, Fehler zu machen, sich zu korrigieren und der Notwendigkeit, „sich dennoch so weitgehend aktiv mit zu beteiligen, wie es nötig ist, damit die kostbare Zeit des Lernens, die nicht dem Zufall überlassen bleiben darf, sich auch realisieren kann.“ (Malaguzzi 1990, S. 5)

Staunen lernen

Malaguzzi meint, dass Erwachsene wieder staunen lernen und Kinder ihre Verblüffung erleben lassen müssen. Das heißt nicht, sich dümmer zu machen, als man ist, um Kindern auf diesem Wege vorzutäuschen, man sei nicht klüger als sie. Aber: Wer von uns (scheinbar) so allwissenden Erwachsenen weiß denn wirklich, wie Nebel entsteht, was passiert, wenn wir einen Lichtschalter betätigen, wie ein Springbrunnen funktioniert und woher das Handy von Tante Martha auf Mallorca weiß, dass wir in einem Hochhaus mitten in Leipzig in der fünften Etage links wohnen. Und wer hat Antworten auf philosophische Fragen wie: Was ist Glück, Freundschaft? Was war vor meiner Geburt? Was ist nach meinem Tod?

Kinder haben zu diesen Themen etwas zu sagen. Wir sind es nur nicht gewohnt, ihnen zuzuhören und noch weniger, das Gesagte ernst zu nehmen. Es kommt also weniger darauf an, dass Kinder die „richtigen“ Antworten lernen, als vielmehr darauf, dass sie die Fähigkeit, Fragen zu stellen, Dingen auf den Grund gehen zu wollen, nicht verlieren. Die Erzieherin vermittelt keine neuen Erkenntnisse, sondern ermöglicht Erfahrungen und regt an, über sie nachzudenken. Nur so sind neue Einsichten, wird neues Lernen möglich.

Der Begriff „Nachdenken“ meint hier nicht nur die Anregung eines verbalen Austausches über die gemachten Erfahrungen, sondern das bearbeitende Reflektieren der Erfahrung in allen denkbaren „Sprachen“: im Arbeiten mit Ton, im Zeichnen, in der Drahtkonstruktion, im Herstellen von Modellen usw. Nachdenken meint also vertiefen, ausarbeiten, umarbeiten, umkreisen, Perspektiven und Ausdrucksmittel wechseln, um durch die Rundumsicht einem Problem oder einer Situation alles Erfahrbare abzuringen. Dabei geht es darum, den Diskussions- und Arbeitsprozess der Kinder untereinander anzuregen, sie immer wieder auf ihre Kompetenzen, Kenntnisse, Vermutungen zu verweisen. Sie zu ermutigen, unterschiedliche, nur scheinbar abwegige Hypothesen und Lösungswege einzubringen, zu prüfen, evtl. zu verwerfen und neu zu überdenken. Ihre experimentelle und forschende Haltung zu unterstützen, sie erleben zu lassen, dass sie die Schöpfer ihres eigenen Wissens sind, dass sie nicht zu klein sind, um Lösungen zu finden, dass es nicht nur eine Lösung gibt und dass es sich lohnt, auch ungewöhnlichen Lösungswegen zu folgen.

Die Erzieherinnenpersönlichkeit

Nach Ansicht der Reggianer ist Kindern die Lust am Lernen, am Wahrnehmen und Verstehenwollen eigen. Kinder wollen lernen und sich und ihre Um- und Mitwelt immer besser verstehen. An der Erzieherin ist es, personale und materielle Rahmenbedingungen zu schaffen, damit gewährleistet wird, dass diese Lust auch dann weiter besteht, wenn das Kind die Mühen und Anstrengungen in diesem Prozess erfährt. Die Erzieherin muss die Kinder so begleiten, dass sie sich sowohl akzeptiert und angenommen als auch wirkungsvoll unterstützt fühlen. Dabei ist zu berücksichtigen, dass jedes Kind auf ganz unterschiedliche und ihm eigene Art auf die Zuwendung des Erwachsenen reagiert. Es kann also kaum ein allgemeines, allen Kindern gleichermaßen gerecht werdendes Modell geben. Erzieherinnen müssen sich den Mühen unterziehen, der Spur des einzelnen Kindes zu folgen, mit offenen Sinnen und emotionaler Anwesenheit.

In der Begeleitung des Lernprozesses von Kindern kann es hilfreich sein, das Kind in sich zu suchen und wieder zum Leben zu erwecken, zu üben, die Welt wieder mit den Augen der Kinder zu sehen, zu lernen, wieder Fragen zu stellen. Wir hatten an anderer Stelle bereits den Titel der Reggio-Ausstellung „Wenn das Auge über die Mauer springt“ erwähnt. Was heißt das für das Erzieherinnenverhalten? Welche Persönlichkeit muss eine Erzieherin haben, die Kinder befähigen und ermutigen will, über die Mauer des Alltäglichen einen Blick in eine neue Welt zu werfen?

Das, was hier gefordert ist, könnte man als „personale Öffnung“ bezeichnen. Offenheit nach innen und außen, wie es Grundlage des Konzeptes in Reggio ist, setzt die Offenheit der Erzieherin für die „Welt im Ganzen“ voraus. In der Sprache der Reggianer: Das Auge der Erzieherin muss über die Mauer springen wollen!

Eine „vitale Pädagogik“, wie Malaguzzi das reggianische Konzept in Abgrenzung zu einer „lethargischen Pädagogik“ nennt, braucht vitale Erzieherinnen, die

- neugierig sind
- Sensibilität für die „Wunder des Alltags“ entwickeln
- noch staunen können, offen sind für neue Erfahrungen
- Offenheit von Situationen und Prozessen aushalten können
- mit ungesicherten, offenen Prozessen umgehen können
- Freude haben an der Verschiedenheit, Andersartigkeit, Unvertrautheit, diese nicht als Bedrohung, sondern als Bereicherung erleben
- unterschiedliche Meinungen gelten lassen können

Auf die Handlungsebene übertragen, hieße das, die Erzieherin sollte

- zum Fragen und Weiterfragen ermutigen, anstatt Antworten zu geben
- sich zurückhalten mit der Erwachsenenbewertung kindlicher Erkenntnisse und Lösungswege
- ein Projekt strukturieren können, während es abläuft
- sich als assistierender Vermittler und selbst Lernender verstehen
- Kindern zuhören konnen, statt immer nur mit ihnen oder über sie zu reden
- Bedürfnisse, Äußerungen, Fragen der Kinder ernst nehmen
- sich in die Probleme, Aufgabenstellungen, Fragen der Kinder hineinziehen lassen
- auf Erklärungen weitgehend verzichten
- Fehler und Umwege zulassen
- darauf verzichten, Kinder auf eine vordefinierte Wahrheit festzulegen

Malaguzzi geht über die bereits aufgeführten, individuellen Haltungen und Verhaltensweisen hinaus und fordert:

„Erzieher müssen in der Lage sein, eine kritische Haltung gegenüber der Politik, den sozialen und wirtschaftlichen Verhältnissen einzunehmen. Dieses ist sozusagen eine Grundvoraussetzung, wenn man im Leben mit Kindern Wert legt auf die Entwicklung von Konfliktbewusstsein und eine kritische Lebenshaltung.“ (Malaguzzi 1992, S. 109)

Eine Frage ist der Beginn einer Bewegung

Fragen zu stellen, macht einen bedeutsamen Aspekt erzieherischen Handelns aus. Obwohl das so ist, ist die Methode des Fragenstellens vielfach unentwickelt. Wir fragen häufig, um eine richtige Antwort zu erhalten, die wir, die Fragenden, in aller Regel schon vorher kennen. Ein Beispiel: Im Kindergarten geht es um das Thema „Blumen im Frühjahr“. Die Erzieherin fragt: „Wer weiß, welche Farbe die Osterglocken haben?“ Ein Kind weiß die richtige Antwort: „Gelb.“; alle anderen kennen die Antwort nicht, schämen sich ihrer Dummheit und machen sich noch kleiner, als sie sowieso schon sind.

Welches Kind hat etwas gelernt? Welche pädagogischen Nebeneffekte hat diese kleine Episode für die beteiligten Kinder? Wie fühlt sich die „Siegerin“, die mit der richtigen Antwort; wie fühlen sich die „Verlierer“? Wie werden sie auf weitere, zukünftige Fragen reagieren? Was, wenn sie wieder „verlieren“ usw.? Die Erzieherin hat in bester Absicht gehandelt. Sie wollte das Wissen der Kinder erweitern um einen Sachverhalt, der ihr bereits bekannt ist und von dem sie annimmt, dass er für die Kinder bedeutsam ist. Welche andere Art der Fragestellung hätte zu welchem anderen Ergebnis geführt?

In Reggio-Materialien fällt immer wieder auf, wie anregend, variantenreich, wie flexibel hier gefragt wird. Wir vermuten, dass es sich hier nicht um eine besondere Begabung einzelner Erzieherinnen, sondern um einen weiteren Baustein reggianischer Pädagogik handelt. Auch hierfür ein kleines Beispiel:

Die Kinder sind mit dem Bus in die Stadt gefahren. Auf dem Marktplatz steht ein großes Denkmal, einen Mann darstellend. Das Denkmal steht in der Mitte eines Brunnens. Die Kinder spielen im Wasser, einige malen das Denkmal in einen mitgebrachten Stadtplan ein, andere versuchen, den Umfang des Denkmals zu ermitteln, fotografieren es, die anderen Kinder und den Platz mit einer Sofortbildkamera. Nach einiger Zeit lässt das Interesse der Kinder nach. Die Erzieherin lenkt die Aufmerksamkeit der Kinder auf den Mann auf der Spitze des Denkmals und fragt: „Was glaubt ihr, was der Mann wohl macht, wenn es dunkel wird?“ Eine lebhafte, kaum zu bremsende Debatte beginnt.

Die Unterschiede zu unserem ersten Beispiel liegen auf der Hand, was die Art der Erzieherinnenfrage anbelangt:

- Die Erzieherin kennt die Antwort ihrer Frage selbst nicht, kann sich also aktiv an den Spekulationen beteiligen.
- Weil es die richtige Antwort nicht gibt, kann jeder seine Antwort einbringen; es gibt keine Sieger und Verlierer.
- Die Frage löst Suchbewegungen in vielfältige Richtungen aus. Alle Antworten sind vorläufige, werden an den Antworten der anderen geprüft, variiert, erweitert oder verworfen.
- Die Frage stellt eine echte Herausforderung an Fantasie und Kreativität dar, sie ermutigt, Geschichten zu erfinden, in die andere Kinder einsteigen können.
- Der Prozess des Weiterentwickelns, der Lernprozess ist offen, sowohl in zeitlicher als auch in inhaltlicher Perspektive.
- Sinn der Frage ist es nicht, die eine, richtige Antwort zu erhalten, sondern einen lustvollen Prozess des Nachdenkens, des Debattierens, des Sich-Streitens in Gang zu setzen, die Lust auf weitere Fragen, weiteres Suchen zu fördern und zu vermitteln, dass das Suchen nach Antworten ein befriedigender Vorgang ist, der Spaß macht.

Im Folgenden einige Beispiele für aus unserer Sicht „gute" Fragen:

- Fragen, die eine Geschichte initiieren: Was dieser Baum wohl schon alles gesehen hat? Was erlebt ein Stein, wenn man ihn ins Wasser wirft?
- Fragen, die Vertrautes in Frage stellen: Was macht eine Eiche zu einer Eiche? Was ist der Unterschied zwischen einem Hund und einer Katze?
- Fragen, die herausfordern, sich Dinge näher anzusehen: Wie mag das Haus wohl von innen aussehen?
- Fragen, die (scheinbar) unsinnig sind: Was tut der Wind, wenn er nicht weht? Welche Farbe hat der Wind?
- Fragen, die den Blick auf Alltägliches und deshalb wenig Beachtetes lenken: Was bedeuten die Zahlen und Zeichen auf den kleinen blauen Tafeln an Häusern?
- Fragen, die historisches Nachdenken auslösen: Wer wohnte früher in diesem Haus?
- Fragen, die die Lust am Abenteuer, am Entdecken auslösen: Wohin führt dieser Bach, dieser Weg?

- Fragen, die sich auf Unterschiede beziehen: Woran können wir das Geräusch eines Zuges von dem eines Autos unterscheiden?
- Fragen, die den Blick für die Umgebung schärfen: Warum ist das Gelände hier tiefer als dort drüben?
- Fragen, die zu produktiver Aktivität auffordern, z.B. zum Untersuchen, zum Vergleichen, zum Messen, zum Experimentieren, zum Systematisieren: Was geschieht, wenn …?

6 Spieglein, Spieglein an der Wand – Architektur, Räume und ihre Ausstattung

Auch wenn Reggio oft ausschließlich und vorschnell über seine Räume und deren Ausgestaltung definiert wird, kann man nicht von Reggio sprechen, ohne auf die Räume einzugehen. Die „sprechenden Wände“ haben wir bereits vorgestellt. Im Folgenden wollen wir uns mit den reggianischen Kindergärten als „schillernden Aquarien“ und Werkstätten beschäftigen.

Der von Malaguzzi geprägte Begriff „schillernde Aquarien“ bezieht sich auf die bauliche Gestaltung der Kindergärten, die ab 1980 nach einem einheitlichen Grundkonzept erstellt wurden. Durch ihre häufig vom Boden bis zur Decke reichenden Fensterfronten wirken die Räume durchsichtig, die Trennung zwischen innen und außen scheint aufgehoben. Die Eindrücke von außen und die Vielfalt der Gestaltungs- und Ausstattungselemente im Inneren vermischen sich zu einem Bild, das in der Tat an ein Aquarium denken lässt.

Zentrum des Kindergartens ist die *„piazza“*. Dem zentralen Platz jeder italienischen Kleinstadt nachempfunden, ist sie der Ort vielfältiger Aktivitäten: Treffpunkt der Generationen, Ort der Kommunikation, des Sehens und Gesehenwerdens, des Hörens und Staunens, gleichermaßen Spielplatz wie Ausstellungsraum. Flure sind abgeschafft, weil sie, wie die Erzieherinnen sagen, Räume voneinander trennen. Von der Piazza hat man unmittelbar Einblick in die Innenhöfe, die Gruppenräume, die Küche und das „Atelier“. Offenheit ist das vorherrschende Prinzip und nicht Abschottung. Das gilt sowohl in baulicher als auch in sozialer Hinsicht. *„modello aperto“*, offenes Modell, sagt man in Reggio.

Die Innenhöfe wirken wie grüne Inseln, ein Stück Natur im Herzen des Kindergartens mit Pflanzen und Büschen. Einige Kindergärten halten hier auch Kleintiere. Jeder Gruppenraum hat einen Nebenraum, das „Mini-Atelier“, in dem die Kinder häufig Arbeiten aus laufenden Projekten weiterführen. An die Küche, in der täglich frische Mahlzeiten, nicht selten mit tatkräftiger Unterstützung der Kinder verschiedener Gruppen, zubereitet werden, grenzt der Speisesaal, von den Kindern häufig auch Kinderrestaurant genannt. Und in der Tat erinnern die Ausstattung des Raumes – weiße Tischdecken, Porzellangeschirr und Blumen – und die Qualität des Essens – täglich wird ein dreigängiges Menü angeboten – eher an ein Restaurant der gehobenen Kategorie als an das, was wir mit dem Begriff „Speisesaal" häufig verbinden.

Eine besondere Bedeutung kommt dem Atelier zu. Hier ist der Arbeitsplatz der *„atelierista"*, der Künstlerin, die in jeder Einrichtung zum Personal gehört. Hier ist der Ort, an dem das Lernen seinen deutlichsten Ausdruck findet. Hier ist der Ort, der augenfällig macht, warum Malaguzzi die reggianischen Kindergärten auch als Werkstätten bezeichnet.

„Räume dienen dem Ziel, das Staunen über die Vielfalt, die Geheimnisse und den Zauber der alltäglichen Phänomene wieder zu entdecken Unsere Einrichtungen sind vor allem Werkstätten, in denen Kinder die Welt untersuchen und erforschen." (Aus der unveröffentlichten Mitschrift eines Gesprächs mit Malaguzzi, o. O., o. J.)

Man tritt den vielen Menschen, die alle gemeinsam am Konzept der Reggio-Pädagogik mitwirken, wohl nicht zu nahe, wenn man behauptet: Ohne diesen Ort und die spezifischen Fähigkeiten der hier wirkenden Künstlerinnen und Künstler wäre Reggio nicht das, was es ist. Aufgabe des Ateliers ist es, eine „konstruktive Unruhe" in die Einrichtungen zu bringen. Einen Beitrag zu leisten, vom Gewohnten Abstand zu nehmen und Raum für das Experimentelle, das Neue, Gewohnheiten Aufbrechende zu eröffnen. Im Atelier arbeiten Kinder in Kleingruppen mit künstlerischer Unterstützung in der Regel an den Projektinhalten, in denen es in besonderer Weise um den ästhetischen Ausdruck, um die „hundert Sprachen", ihre Erhaltung und Entwicklung geht.

Werkstätten sind Orte, an denen etwas hergestellt wird. Produkte werden geplant, erprobt, verbessert, diskutiert, erneut verbessert. Überträgt man diesen Gedanken der Werkstatt auf den Kindergarten, ergeben sich Konsequenzen für die Ausstattung und die Materialauswahl innerhalb der einzelnen Räume. Der gesamte Raum bietet vielfältige Möglichkeiten zum Erfassen und Begreifen. Es herrscht ein gewolltes und geplantes Nebeneinander unterschiedlichster Materialien und Medien: Dinge zum Betrachten, Anfassen, Vergleichen, Sortieren, Gestalten und Ordnen; Muscheln und Steine, Federn, Knöpfe, Perlen, Schneckenhäuser usw. Alles ist auf Tischen oder in Regalen ästhetisch und überschaubar ausgebreitet. In großen Mengen vorhanden sind Materialien wie Draht, Ton, Papier, Pappe, Farben, Stifte, Papprohre, Klebeband, Bindfaden und Werkzeuge aller Art für deren Ver- und Bearbeitung.

Kinder sind hier nicht nur „Benutzer“ von Vorfabriziertem, sondern Erfinder, Gestalter von Neuem, nie Gesehenem oder Dagewesenem. Alles ist variierbar, veränderbar. Im Gestalten, Bauen, Konstruieren erleben sich die Kinder als Gestalter einer neuen, anderen Welt, gewinnen an Einsichten und Selbstvertrauen, motivieren sich über die Freude am Geschaffenen immer wieder neu. Die Erzieherin muss nicht mühsam zu Aktivität anhalten oder motivieren. Ein Impuls, ein Hinweis, eine Anregung oder ein Vorschlag reichen aus, um neue Aktivitäten zu initiieren. Begreifen kommt von Greifen, Wissen wird durch ganzheitliche, sinnliche Erfahrungen erworben, nicht von außen sprachlich vermittelt. Kinder werden zu Subjekten ihrer Entwicklung. Lernen wird gelernt, immer weiter und immer tiefer. Eine fertige, als unveränderbar erlebte, zum Konsum bestimmte Welt erzieht zur Passivität und Eindimensionalität im Denken und Handeln. Werklust entsteht durch noch Unbearbeitetes, Unfertiges.

Drei Prinzipien sind leitend für die Materialausstattung der Räume:

- Ordnung
- Klarheit
- Schönheit

Trotz der Fülle und scheinbaren Unübersichtlichkeit herrscht in den Räumen Ordnung. Die Dinge haben ihren Platz. Die Ordnung innerhalb des Raumes, die äußere Ordnung, führt bei den Kindern zu einem spezifischen Raumbild und darüber vermittelt zu einer inneren Ordnung. Der Raum vermittelt eine gewisse Klarheit dadurch, dass die Ausgestaltung und das Angebot der Materialien deutlich macht, was mit ihm geht und was nicht. Die Dinge, auch die scheinbar wertlosen Materialien, entfalten durch die Art ihrer Präsentation ihre Schönheit und erfahren einen Wert. Trotz der Vielfalt entsteht nie der Eindruck einer Rumpelkammer.

In den Räumen gibt es nicht nur speziell für Kinder angefertigte Möbel. Einige Erwachsenenmöbel wie Schränke, Sofas und Stühle geben dem Raum den Charakter eines großen Spiel- und Wohnzimmers. Möbel und Gebrauchsgegenstände aus unterschiedlichen Epochen spiegeln kulturelle Entwicklungen wieder, vermitteln ein Gefühl für Stabilität und Wandel und die historische Gewordenheit und Veränderbarkeit all dessen, was uns im Alltag umgibt. In dieser Hinsicht fördert der Raum etwas, was man einen historischen Blick nennen könnte.

Eine in diesem Sinne herausfordernde Umgebung, dient der Ausbildung eines beweglichen und produktiven Denkens und Handelns. Reggianische Räume provozieren Veränderungen und tragen damit zur Veränderung der Kinder bei. Die Erzieherinnen beobachten, wie und wozu das Material genutzt wird, ergänzen oder reduzieren es, je nach Bedarf und Entwicklungsstand der Kinder.

Überall finden sich Spiegel und Spiegelzelte, in deren Facetten man sich vervielfältigt sehen kann, Zerrspiegel, die groß und klein oder schlank und breit machen. Spiegel ermöglichen Kindern, sich selbst, allein oder gemeinsam mit anderen zu beobachten, unterschiedliche Ausdrucksweisen, mimisch-gestische Äußerungen und deren Wirkung zu erproben. Eck-, Decken- und Zerrspiegel erlauben einen Blick auf die eigene Person und die Umwelt aus anderen, ungewohnten Perspektiven; sie vermitteln nicht alltägliche, anregende Eindrücke. Bekanntes wird durch den „anderen Blick“ fremd und neuartig, ermutigt zu fantasievollen Spielen. Dem gleichen Zweck dienen Podeste mit unterschiedlichen Höhen, die sich in allen Räumen befinden.

Gruppenräume, Piazza und sonstige Freiflächen sind durch Schlauchtelefone miteinander verbunden, sodass die Kommunikation zwischen Kindern innerhalb und außerhalb der Gruppenräume möglich ist. Kommunikationsanlässe bieten auch die Briefkästen. Sie sind der Ort des Austauschs von Nachrichten, Geschenken, Urlaubsgrüßen oder oft anonymen Liebeserklärungen.

Die visuelle Kommunikation wird durch das Fehlen von Türen, durch verglaste Wandpartien, Gucklöcher in den Wänden, Regale ohne Rückwände, Plexiverglasungen oder transparente Stoffbahnen erleichtert.

Auffällig sind die zahlreichen Geräte, die eine Beschäftigung mit Licht und Schatten anregen. Von den Leuchttischen, die etwa die Untersuchung von Blattstrukturen erlauben, über Overhead-Projektoren bis hin zu Dia-Projektoren. Auch gegenüber modernen Medien wie dem Computer, gibt es in Reggio keine Berührungsängste. Sie werden wie selbstverständlich neben Schreib- und Druckmaschinen angeboten, um Kindern den spielerischen Umgang mit Schrift zu ermöglichen.

Neben all diesen Materialien und Ausstattungselementen können die Kinder alles mitbringen, was ihnen in ihrem häuslichen Umfeld lieb und wert ist. Da generell gilt, dass die Kindertagesstätten Orte der Kinder und der Erwachsenen sind, setzen vielfach die Erzieherinnen Akzente. Jede Einrichtung erhält so ihren spezifischen Charakter, der die Persönlichkeitsstruktur, die Interessen und Bedürfnisse seiner Nutzer widerspiegelt. Kindergartenräume haben, ebenso wie die in ihnen Arbeitenden, eine pädagogische Funktion. In Reggio hat man für diese Tatsache eine prägnante Formulierung gefunden. Der Raum ist der „dritte Erzieher“.

7 Wir haben einfach angefangen – Reggio ist kein Modell, oder doch?

Die Reggio-Pädagogik wird in der Bundesrepublik Deutschland seit den 80er Jahren intensiv rezipiert. Zahlreiche Erzieherinnen haben die Ausstellungen, die mehrfach an unterschiedlichen Orten gezeigt wurden, besucht. Andere haben an Studienfahrten nach Reggio teilgenommen, um sich vor Ort mit dem pädagogischen Konzept, aber auch mit dem Erziehungsalltag vertraut zu machen. In Büchern und Fachzeitschriften ist der Ansatz inzwischen umfangreich in seinen unterschiedlichen Teilaspekten beschrieben worden. Ein eigener Verein mit dem Ziel der Verbreitung der Reggio-Pädagogik hat sich gegründet. Kongresse und Erzieherinnenfortbildungen zur Thematik sind bestens besucht, häufig überfüllt. Und dennoch: Wer im Einzugsbereich seines Wohnortes nach einer Einrichtung sucht, die im Sinne der Reggio-Pädagogik arbeitet, wird häufig enttäuscht. Dem großen Interesse an diesem Ansatz ist offensichtlich nicht, wie etwa beim Konzept des „Offenen Kindergartens", ein flächendeckende Verbreitung gefolgt. Warum ist das so?

Der bundesdeutschen Theorie und Praxis der Elementarpädagogik ist ein der Diskussion in Reggio vergleichbares Verständnis von Kleinkinderziehung als politischer Aufgabe fremd. Kleinkinderziehung wurde bei uns nur marginal als Gemeinschaftsaufgabe verstanden. Ort der Erziehung war die Privatheit der Familie. Die Aufmerksamkeit der Eltern galt (und gilt?) immer nur dem eigenen Kind und seiner Entwicklung. Ein kollektives Engagement für eine öffentliche Kleinkinderziehung konnte sich so nie etablieren. In den 60er Jahren gab es eine Chance auf Veränderung. Die elementarpädagogische Diskussion dieser Zeit erfasste aber nur kleine Teile der Gesellschaft. Die politische Unterstützung der damaligen Modellversuche blieb, trotz eines teilweise großen Aufwandes, letztlich halbherzig.

Die strukturellen Rahmenbedingungen haben ebenfalls nie einen Reggio vergleichbaren Standard erreicht. Das System der Fachberatung hatte von

Anfang an mindestens zwei Probleme. Das Personal wurde in der Regel aus den Reihen der Erzieherinnen rekrutiert. Es gab also keine Qualifizierung, die auf die speziell beratenden, möglicherweise auch innovativen Aufgaben vorbereitet hätte. Daneben war und ist eine Fachberaterin für eine Vielzahl von Einrichtungen zuständig. Die intensive pädagogische Beratung der einzelnen Einrichtung wird dadurch fast unmöglich.

Nicht zuletzt bedingt durch das formal niedrige Niveau der Erzieherinnenausbildung, etwa im Vergleich zur Lehrerausbildung, ist es dem Kindergarten nicht gelungen, Image und Charakter einer in erster Linie betreuenden Einrichtung abzuschütteln. Der eigenständige Bildungsauftrag wird zwar in vielen Veröffentlichungen bemüht, die Bundesländer haben umfangreiche Bildungspläne veröffentlich, zahlreiche wissenschaftliche Institute haben tausende Textseiten zu Qualitätssicherung, -kontrolle und -management produziert. In Nordrhein-Westfalen nennen sich heute schon viele Kindergärten Familienzentren, haben also zusätzliche Aufgaben übernommen. Die Veränderung der dafür notwendigen materiellen Voraussetzungen ist aber nicht in Sicht. Womit wir beim nächsten Problem wären, der personellen Ausstattung.

Der Erzieherin-Kind-Schlüssel nähert sich in der alltäglichen Praxis der Quote 1:25. Vieles, was in Reggio seit Jahrzehnten gängige Praxis und grundlegend für den pädagogischen Erfolg ist, wird bei uns nicht einmal ansatzweise diskutiert. An die nichtpädagogischen, für Reggio aber bedeutsamen Wirtschaftskräfte und Künstlerinnen ist nicht zu denken. Wer hat schon einmal in der deutschen Elementarpädagogik den Ruf nach Pädagogischen Zentren gehört? Die Arbeitszeit wird mehr und mehr verdichtet. Der Rotstift der für Finanzen zuständigen Politiker und Verwaltungsbeamten obsiegt über pädagogische Notwendigkeiten.

Raumprobleme ver- beziehungsweise behindern die Einrichtung von Essräumen, Ateliers und Ähnlichem. Die kollektive Leitung verhindert das Arbeitsrecht. Eltern für eine Mitwirkung im reggianischen Sinne zu gewinnen, stößt ebenfalls an rechtliche Grenzen, wird aber auch durch den bei uns so anderen Lebensstil im Allgemeinen behindert.

Und doch haben sich einige Einrichtungen auf den „Weg nach Reggio" gemacht und sind zum Teil, wie wir uns überzeugen konnten, schon ganz schön weit gekommen. Wie sind sie vorgegangen?

Schlicht und einfach: Sie haben angefangen! Aus unterschiedlichsten Quellen haben sie von der Reggio-Pädagogik gehört, haben sich von dem, was sie hörten, anstecken lassen und – vielfach in ihrer Freizeit – an Tagungen und Fortbildungen teilgenommen, haben sich Literatur besorgt und diese gemeinsam bearbeitet und diskutiert.

Das Einfachste (obwohl schwer genug) war die Umgestaltung der Räume, die Veränderung der Ausstattung. Fotografien und Videos aus Reggio gaben hier vielfältige Anregungen. Nun hatte man Räume à la Reggio. Aber war das schon Reggio-Pädagogik? Natürlich nicht! Viel schwieriger, so sagen alle übereinstimmend, war die Umgestaltung in den Köpfen, den eigenen Köpfen. Sich über die reggianischen Vorstellungen vom Kind zu informieren, ist das eine, sie in der alltäglichen Praxis umzusetzen, das andere. Wie wird man eine Erzieherin, die Kinder auf ihrem Weg in die Welt begleitet, die ihnen ermöglicht, eigene Antworten auf sie bewegende Fragen zu finden? Wie lernt man als Erwachsener, wieder zu staunen, selber wieder Fragen zu stellen? Wie reaktiviert man seine eigenen, verschütteten, kreativen Kräfte? Die Antwort der Kolleginnen, mit denen wir gesprochen haben, lautete vielfach: Indem man selber als Team Projekte durchführt, allein organisiert oder mit Hilfe von Fortbildungseinrichtungen.

Für Malaguzzi sind folgende drei Voraussetzungen für das Gelingen pädagogischer Veränderungen wesentlich:

- „Dass das Projekt und die Veränderung beherrschbare, glaubwürdige und realisierbare Dinge sind und auch von den Kindern, den Familien und den Erzieherinnen so empfunden werden.
- Dass sie von der Gruppe diskutiert und akzeptiert werden, nämlich von der Gruppe der Kinder, der Familien und der Erzieherinnen, die hier zusammenkommt.
- Dass sie ein ergänzendes Ganzes darstellen, das die tatsächlichen Ressourcen der Kinder miteinander verbindet und immer wieder überprüft: die Lernziele, die die Kinder erreichen sollen, das methodische

und didaktische Vorgehen, die wichtige Rolle, die die räumlichen Bedingungen dabei haben, die Organisation der Arbeit, die die Erwachsenen zu leisten haben." (Göhlich [Hrsg.] 1997, S. 198)

Carla Rinaldi, die Nachfolgerin Malaguzzis, hat die Teilnehmerinnen eines Vortrags über die Pädagogik der kommunalen Krippen und Kindergärten in Reggio einmal mit folgenden Worten entlassen:

„*Reggio ist Reggio und kann nicht woanders eingepflanzt werden. Eine Kopie von Reggio wäre eine Beleidigung unserer Arbeit (...) Ich hoffe, dass ihr mit vielen Fragen nach Hause geht und nicht mit fertigen Antworten.*" (Carla Rinaldi zit. nach Bauer 1996, S. 16–19)

8 Wer, wie, was? – Literatur, Medien, Kontakte

Grundlagenliteratur

- Dreier, A.: Was tut der Wind, wenn er nicht weht. Begegnung mit der Kleinkindpädagogik in Reggio Emilia. Berlin 2007 (5. Aufl.)
- Fried, L./Roux, S.(Hrsg.): Pädagogik der frühen Kindheit. Handbuch und Nachschlagewerk. Weinheim 2006
- Göhlich, H. D. M.: Reggiopädagogik. Innovative Pädagogik heute. Frankfurt 2002 (7. Aufl.)
- Knauf, T. u.a.: Handbuch Pädagogische Ansätze. Berlin 2007
- Krieg, E. (Hg.): Lernen von Reggio. Theorie und Praxis der Reggio-Pädagogik im Kindergarten. Lage 2004 (2. Aufl.)
- Lingenauber, S.(Hrsg.): Handlexikon der Reggio-Pädagogik. Bochum/Freiburg 2004
- Sommer, B.: Kinder mit erhobenem Kopf. Kindergärten und Krippen in Reggio Emilia. Neuwied/Berlin 2002

Weiterführende Literatur

- Albert, C.: Lernwerkstatt Kindergarten. Neuwied 2000
- Bagic-Moser, B.: Ist die Sonne schwarz? Von der Alltagsbeobachtung zum naturwissenschaftlichen Projekt. In: Unsere Kinder Heft 4/2008, S. 19–21
- Bauer, B.: Wenn das Auge über die Mauer springt. In: Welt des Kindes Heft 6/1996, S. 16–19
- Beek von der, A.: Nido – Nester zum Wohlfühlen. In: klein & groß, Heft 9/1990
- Ders.: Ich habe mit der Statue getanzt. In: klein & groß, Heft 11–12/1998, S. 15–18
- Berentzen, D.: „… Dieses Land gehört nicht mir." In: Päd extra Heft 6/1987, S. 9–16
- Ders.: Sechs Jahre Glück – Gespräch mit Loris Malaguzzi. In: Welt des Kindes Heft 2/1988, S. 20–21
- Berger, M./Berger, L. (Hrsg.): Portfolio in Vorschule und Schule. Stockholm 2007
- Bertelsmann Stiftung (Hrsg.): Guck mal! Bildungsprozesses des Kindes beobachten und dokumentieren. Gütersloh 2005
- Bree, St.: Surfen in Reggio oder die Lust zu lernen. In: klein & groß, Heft 12/1999, S. 6–11

- Breuer, D.: Neue Projektformen in Reggio. In: Betrifft Kinder Heft 7/2007, S. 6–15
- Brockschnieder, F.-J.: Reggio gibt Antworten auch auf die Bildungspläne In: kindergarten heute Heft 3/2006, S. 6–12
- Ders.: Reggio-Pädagogik. In: kindergarten heute spezial: Pädagogische Handlungskonzepte von Montessori bis zum Situationsansatz. Freiburg 2007, S. 41–49
- Bruner, J. S.: Der Akt der Entdeckung. In: Neber, H. (Hrsg.): Entdeckendes Lernen. Weinheim/Basel 1981 (3. Aufl.)
- Brutscher, H.: Neugier von Kindern und Erziehern. In: Welt des Kindes Heft 5/1991, S. 38–41
- Bürmann, I.: Überwindung des Dualismus von Person und Sache. Bad Heilbrunn 1997
- Caritasverband für die Erzdiözese Freiburg e.V. u.a. (Hrsg.): Faszination Reggio. Auf der Suche nach dem Bild vom Kind. Freiburg 1998
- Deutscher Verein für öffentliche und private Fürsorge: Studientagung Bildung in der Diskussion. 27.4.–29.4.1998. Frankfurt o.J.
- Dietrich, U.: Samantha an der Staffelei. In: Welt des Kindes Heft 2/1991, S. 25–29
- Dies.: Lernen-Wahrnehmen-Gestalten. In: BKJ: Praxisfeld Kinderkulturarbeit. Remscheid 1993b, S. 68–74
- Dies.: Ein Provokateur in Sachen Kindheit. Zum Tod von Loris Malaguzzi – Mitbegründer der Reggio-Pädagogik. In: Theorie und Praxis der Sozialarbeit Heft 2/1994
- Dies.: Der Flirt mit der Welt: Wie Kinder lernen und gestalten. Ästhetische Bildung in Reggio Emilia. In: TPS Heft 2/1996, S. 62–66
- Dies.: Die 100 Sprachen der Kinder. Anregungen aus dem Elementarbereich für eine Blickwendung in der Grundschulpädagogik. In: Die Grundschulzeitschrift Heft 96/1996, S. 46–53
- Dies.: Wenn Wände sprechen. Planung und Dokumentation als Elemente einer qualifizierten Vorschulpraxis. In: Welt des Kindes, Heft 2/1997, S. 12–16
- Dies./Göhlich, M.: Der Flirt zwischen Bär und Igel-Die Reggios sind in Westberlin. In: Päd extra Heft 12/1987, S. 36–39
- Dolci, M.: Die Puppe in Fiktionsspielen – das Kind und das Schattenspiel. In: Senatsverwaltung für Jugend und Familie (Hrsg.): Hundert Sprachen hat das Kind, Berlin 1992, S. 33–52
- Duncker, L. u.a. (Hrsg.): Kindliche Phantasie und ästhetische Erfahrung. Langenau-Ulm 1993 (2. Aufl.)

- Dupius, A.: Visionen und Realitäten über Reggio und anderes. In: klein & groß, Heft 8/1991, S. 10–11
- Ehrenspeck, Y.: Versprechungen des Ästhetischen. Die Entstehung eines modernen Bildungsprojektes. Opladen 1998
- Elschenbroich, D.: Die Chance der frühen Jahre. In: Welt des Kindes Heft 6/1996, S. 36–40
- Elschenbroich, D. u.a.: Das Portfolio im Kindergarten. Weimar/Berlin 2008
- Elstgeest, J.: Die richtige Frage zur richtigen Zeit. In: Irskens, B.: Die Lernwerkstatt, MSP 28, Frankfurt 1997, S. 10–113
- Fachhochschule Frankfurt: Wenn das Auge über die Mauer springt. Frankfurt 1987
- Filipini, T.: unveröffentlichter Vortrag o. O., o. J.
- Freire, P.: Pädagogik der Unterdrückten. Reinbeck 1984
- Fthenakis, W.: In hundert Sprachen ko-konstruieren. In: Betrifft Kinder H. 6/7 2008, S. 9–11
- Gebauer-Jorzick, S./Hebenstreit, K.: Projekt Weitsprung. In: klein & groß, Heft 10/1990, S. 14–20
- Giacopini, E.: Das Recht auf Selbstverwirklichung. In: klein & groß, Heft 1/1998, S. 19–23
- Göhlich, H.D.M.: Reggiopädagogik – Innovative Pädagogik heute. Frankfurt a.M. 5. Auflage 1993
- Ders.: Offener Unterricht, Community Education, Alternativpädagogik, Reggio-Pädagogik. Weinheim 1997
- Ders.: Reggiopädagogik im Kindergarten. In: Klattenhoff, K. u.a. (Hrsg.): Das Kind zur Rose machen. Zur Philosophie des offenen Kindergartens. Varel 1999, S. 53–74
- Ders.: Eine Frage ist ein Anfang. Selbstbestimmtes Lernen und pädagogische Unterstützung. In: Welt des Kindes Heft 4/2000, S. 6–11
- Götte, U./Stein, M. (Hrsg.): Kinderkunst aus Reggio Emilia. Brandenburg 1994
- Günsch, S.: Remida – das kreative Recycling Centro. In: Betrifft Kinder, Heft 1/2 2008, S. 14–19
- Harms, G./Prott, R.: Das Auge schläft bis es der Geist mit einer Frage weckt. In: Welt des Kindes Heft 3/1985, S. 176–178
- Hermann, G.: Ein Blatt ist ein Blatt, ist kein Blatt, ist ein Blatt. In: Welt des Kindes Heft 2/1988, S. 28–31
- Dies.: Lernwerkstatt für Kinder. In: Welt des Kindes Heft 1/1992, S. 24–27

- Dies. u.a.: Das Auge schläft bis es der Geist mit einer Frage weckt. Berlin 3. Auflage 1987
- Jäger, W.: „Das da draußen sind wir ..." Bausteine einer Pädagogik der Wahrnehmung. Dortmund 1997
- Jobst, S.: Inklusive Reggio-Pädagogik. Bochum 2007
- Kater, E.: Die Chance der frühen Jahre. Gespräch mit D. Elschenbroich. In: Welt des Kindes. Heft 6/1996, S. 36–40
- Kemper, H.: Erziehung als Dialog. Weinheim – München 1990
- Klemm, K.: Reggio – ein faszinierendes Projekt. In: klein & groß, Heft 5/1996, S. 18
- Knauf, T.: Annäherung an Theorie und Praxis des Projektlernens in Reggio Emilia. In: Impulse aus Reggio Emilia- Ansätze in Deutschland. Interne Dokumentation der 1. Bundesfachtagung von Dialog Reggio in Hattingen im Juni 1998. Hamburg 1998 (=Knauf 1998a)
- Ders.: Wir erziehen Kinder nicht, wir assistieren ihnen. Die Rolle der Erzieherin in der Reggio-Pädaggogik. In: Welt des Kindes, Heft 4/1998, S. 13–19 (=Knauf 1998b)
- Ders.: Ein Vergnügungspark für Vögelchen – Annäherung an Theorie und Praxis des Projektlernens in Reggio Emilia. In: Welt des Kindes Heft 6/1998, S. 6–11 (=Knauf 1998c)
- Ders.: Reggio-Pädagogik. Ein italienischer Beitrag zur konsequenten Kindorientierung in der Elementarerziehung. In: Fthenakis, W. E. u.a. (Hrsg.): Pädagogische Ansätze im Kindergarten. Weinheim 2000, S. 181–201
- Knauf, T.: „Das Auge schläft – bis es der Geist mit einer Frage weckt." Die konstitutive Kraft der Bilder in der Reggio-Pädagogik. In: Theorie und Praxis der Sozialpädagogik Heft 9/2005, S. 17–21
- Ders./Krieg, E.: Hundert Welten entdecken. Ausstellung zur Pädagogik der Kindertagesstätten in Reggio Emilia. In: Welt des Kindes. Heft 5/1995, 56–57
- Korczak, J.: Wie man ein Kind lieben soll. Göttingen 1972 (3. Aufl.)
- Krenz, A.: Mit Kindern jeden Tag erleben. Darmstadt 1996 (3. Aufl.)
- Krieg, E. (Hrsg.): Hundert Welten entdecken. Essen 1993
- Dies.: Wir kaufen dir einen Schuh ab! Aspekte der Reggio-Pädagogik. In: Päd extra Heft 5/1995, S. 40–43
- Dies.: Du musst es machen, wie der Schatten es will. Anregungen aus der Reggio-Pädagogik. In: Deutsche Lehrerzeitung Heft 11/1995
- Dies.: Raumschiff zwischen zwei Intelligenzen. Das neue Medium im Kindergartenalltag. In: Welt des Kindes Heft 3/1997, S. 12–15

- Dies.: Das Kind ist wie ein Fluß. Beobachtung und Dokumentation in der Reggio-Pädagogik. In: AKILAB (Hrsg.): Pädagogik und Didaktik für Menschen mit besonderen Erziehungsbedürfnisssen. Aachen 1997
- Dies.: Der schwerste Apfel und der weiteste Sprung. In: Neue deutsche Schule Heft 5/1998, S. 28–29
- Dies. u.a.: Kinder verstehen lernen. Beobachtung – Eine Technik für sich. In: Welt des Kindes Heft 4/2000, S. 20–25
- Küppers, H.: Hundert Welten entdecken. Eine Studienreise zu den Reggio-Children. In: Welt des Kindes Heft 2/1998, S. 34–37
- Küppers, J./Küppers, H.: Reggio-Pädagogik vor Ort. In: klein & groß, Heft 11–12/1997, S. 20–23
- Laewen, H.-J.: Reggio ist kein Modell. In: klein & groß, Heft 6/1998, S. 6–14
- Landesinstitut für Schule und Weiterbildung NRW (Hrsg.): Lehren und Lernen als konstruktiver Prozess. Soest 1995
- Lay, C.: Der Flirt mit dem Igel. In: Päd extra Heft 7–8/1987, S. 43–46
- Ders.: Kinderwerkstatt. In: Welt des Kindes Heft 2/1988, S. 17–19
- Ders.: Von der Bastelstube zum Kinderatelier. In: Welt des Kindes Heft 4/1989, S. 11–17
- Lenzen, D.: Erziehungswissenschaft. Reinbeck 1999
- Leu, H. R.: Prozesse der Selbst – Bildung bei Kindern – eine Herausforderung an Forschung und Pädagogik. In: DJI (Hrsg.): Das Forschungsjahr 1998. München 1999, S. 168–185
- Liebetruth-Bergfeld, B.: Die Reggio-Pädagogik – ein Konzept von Offenheit. In: Entdeckungskiste Jan./Feb. 1998, S. 80–82
- Dies.: Mit allen Sinnen erleben! Das reggianische Bild vom Kinde. In: Entdeckungskiste Mai/Juni 1998, S. 81–85
- Dies.: Ein ästhetisches Raum – Erleben. In: Entdeckungskiste Juli/August 1998, S. 89–92
- Dies.: Spieglein, Spieglein an der Wand. In: Entdeckungskiste Sept./Oktober 1998, S. 75–77
- Dies.: Die Projekte der Kinder von Reggio Emilia In: Entdeckungskiste Nov./Dezember 1998, S. 78–80
- Dies.: Die Reggio-Pädagogik-ein übertragbares Modell?! In: Entdeckungskiste Jan./Feb. 1999 S. 72–75
- Dies.: Kinder sind geborene Entdecker und Erfinder In: Entdeckungskiste März/April 1999, S. 8–10
- Malaguzzi, L.: Kommentare zum besseren Verständnis der Ausstellung o. O., o. J.

- Ders.: Zum besseren Verständnis der Ausstellung – 16 Thesen zum pädagogischen Konzept. Hamburg 1990
- Ders.: Eröffnungsbeitrag zur Fachtagung Hundert Sprachen hat das Kind, In: Senatsverwaltung für Jugend und Familie (Hrsg.): Hundert Sprachen hat das Kind. Berlin 1992, S. 17–31
- Ders.: Pädagogik als Projekt. In: Göhlich, M. (Hrsg.): Offener Unterricht, Community Education, Alternativpädagogik, Weinheim 1997, S. 197–201 (=1997a)
- Ders.: Werkstatt – Im Vergnügungspark für Vögelchen. In: klein & groß, Heft 3/1997, S. 20–22 (=1997b)
- Marcuse, L.: Kleine Geschichte der Philosophie. Zürich 1981
- Neber, H. (Hrsg.): Entdeckendes Lernen. Weinheim – Basel 1981 (3. Aufl.)
- Neuß, N. (Hrsg.): Ästhetik der Kinder. Interdisziplinäre Beiträge zur ästhetischen Erfahrung von Kindern. Frankfurt 1999
- Nöske, A.: Ich bin stolz, dass ich mich zurückgehalten habe. Erfahrungen mit dem Konzept des „konstruierenden Kindes". In: Welt des Kindes Heft 5/2000, S. 37–39
- Otto, G.: Argumentationsfiguren zum Verhältnis von Bildungstheorie und ästhetischer Theorie. In: Otto. G.: Lernen und Lehren zwischen Didaktik und Ästhetik. Bd. 3. Seelze 1998, S. 51–68
- Oelkers, J.: Eine Passage des Bildungsprozesses. Ästhetisches Lernen als Selbstformung. In: medien + erziehung Heft 5/1999, S. 271–278
- Parsons, M. J.: Studien zur ästhetischen Entwicklung. In: Garz, D.: Sozialpsychologische Entwicklungstheorien. Opladen 1989 S. 220–249
- Portfolios – Bildung und Entwicklung dokumentieren. Themenheft TPS H. 9/2008
- Preuss, M.: Meine Gedanken zum neuen Bild vom Kind. In: kindergarten heute, Heft 3/1994, S. 42–44
- Rau, J.: Rede von Bundespräsident Johannes Rau auf dem ersten Kongress des Forum Bildung am 14. Juli 2000 in Berlin. Bonn 2000
- Reich, K.: Systemisch-konstruktivistische Pädagogik. Neuwied 1997 (2. Aufl.)
- Reggio Children (Hrsg.): Die Kinder vom Stummfilm. Fantasiespiele zwischen Fischen und Kindern in der Krippe. Neuwied-Krieftel-Berlin 1998
- Dies.: Ein Ausflug in die Rechte von Kindern: Aus Sicht der Kinder. Neuwied-Krieftel-Berlin 1998
- Dies.: Springbrunnen. Aus einem Projekt zur Konstruktion eines Vergnügungsparks für Vögel. Neuwied – Krieftel – Berlin 1998

- Dies.: Zärtlichkeit. Eine Geschichte von Laura und Daniele. Neuwied – Kriftel – Berlin 1998
- Dies.: Alles hat einen Schatten, außer den Ameisen. Weinheim – Basel 2002
- Dies.: Hundert Sprachen hat das Kind: die deutsch-italienische Originalausgabe zur Ausstellung. Neuwied – Krieftel – Berlin 2002
- Dies.: Schuh und Meter-Wie Kinder im Kindergarten lernen. Basel 2002
- Dies.: Ganz Reggio – Wie Kinder ihre Stadt in hundert Sprachen erforschen. Berlin Weimar 2009
- Rettkowski-Felten, M./Jordan, M.: Spieglein, Spieglein an der Wand. In: Betrifft Kinder H. 1/2 2008, S. 31–34
- Rinke, S./Knauf, T.: Reggio, Montessori und die Reformpädagogik. In: klein & groß, Heft 6/1996, S. 6–10
- Rodari, G.: Grammatik der Phantasie. Die Kunst, Geschichten zu erfinden. Leipzig 1992
- Roeck de, B.-P./Abeele van den, J.: Leben lernen statt gelebt zu werden. Offenbach 1988
- Rumpf, H.: Über das Staunen und anfängliche Aufmerksamkeiten. In: Rumpf, H./Kranich, E. M.: Welche Art von Wissen braucht der Lehrer? Stuttgart 2000, S. 13–19
- Savater, F.: Die Fragen des Lebens. Fernando Savater lädt ein in die Welt der Philosophie. Frankfurt 2000
- Schäfer, A.: Einführung in die Erziehungsphilosophie. Weinheim/Basel 2005
- Schäfer, G. E.: Die Lust am Lernen, Wahrnehmen und Verstehen. Vorschulische Bildung als ästhetische Erfahrung. In: Welt des Kindes Heft 3/1994, S. 22–29
- Ders.: Bildungsprozesse im Kindesalter. Weinheim – München 2005
- Ders.: Sinnliche Erfahrung bei Kindern. In: Lepenies, A. u.a.: Kindliche Entwicklungspotentiale. München 1999, S. 153–290
- Ders./Stenger, U.: Grundlagen der Reggio-Pädagogik. In: Kinder in Tageseinrichtungen. Heft 3/1998, S. 135–142
- Schiller, F.: Über die ästhetische Erziehung des Menschen. Stuttgart 1965
- Scholz, G.: Kinder sind unbelehrbar. In: Theorie und Praxis der Sozialpädagogik. Heft 3/2000, S. 6–11
- Schreiner, S.: Nachdenken über Reggio. In: Päd extra Heft 3/1991, S. 36–39

- Schult, I.: Reggio Emilia – Ein Erziehungsmodell. Über die Zusammenhänge und das Zusammenwirken von Kultur, Pädagogik und Politik. In: Blätter der Wohlfahrtspflege Heft 6/1987, S. 143–145
- Schulz, W.: Ästhetische Bildung. Weinheim 1997
- Senatsverwaltung für Jugend und Familie (Hrsg.): Hundert Sprachen hat das Kind. Berlin 1992
- Sikora, I.: Wenn der Funke überspringt. In: Welt des Kindes Heft 5 / 1990, S. 40–43
- Sommer, B.: Spiegel, Folien, Licht und Schatten: In: Welt des Kindes Heft 5/ 1985, S. 377–382
- Dies.: Die Welt in einer Pfütze. In: Welt des Kindes Heft 4/1986, S. 287–292
- Dies.: Wenn der Funke überspringt. In: Welt des Kindes Heft 5/1990, S. 40–43
- Dies.: Das Unmögliche versuchen. Didacta-Vortrag von E. Giacopini: Die Erfahrungen der kommunalen Kindertagesstätten und Krippen in Reggio Emilia. In: klein & groß, Heft 5/1997
- Dies.: Ein weinender Springbrunnen. Aus Ideen lernen: Wie Kinder entdecken, erforschen und begreifen. In: Welt des Kindes Heft 4/2000, S. 13–15
- Staudte, A. (Hrsg.): Ästhetisches Lernen auf neuen Wegen. Weinheim – Basel 1993
- Stenger, U.: Auf der Suche nach möglichen Anfängen. Projektarbeit in Reggio Emilia. In: klein & groß, Heft 2/1998, S. 20–22
- Dies.: Reggio-Pädagogik in der Praxis – projekthaftes Arbeiten. In: Kinder in Tageseinrichtungen. Heft 3/1998, S. 143–150
- Stinner, B.: Reggio-Pädagogik. In: Huppertz, N. (Hrsg.): Konzepte des Kindergartens. Oberried 2. Aufl. 2000
- Tedeschi,M: Die hundert Sprachen des Essens. In: Betrifft Kinder H. 6/7 2008, S. 6–8
- Tennstedt, B.: Das Auge springt über die Mauer. In: klein & groß, Heft 9/1990, S. 8–12
- Theorie und Praxis der Sozialpädagogik: Themenheft „Kinder als Forscher“, Heft 3/2000
- Völkel, P.: Kinder brauchen Kinder. Zum Bildungsauftrag des Kindergartens. In: Welt des Kindes Heft 4/2000, S. 16–19
- Vygotskij, L. S.: Die Phantasie und ihre Entwicklung im Kindesalter. In: Vygotskij, L. S: Vorlesungen über Psychologie. Marburg 1996, S. 98–117

- Watzlawick, P. (Hrsg.): Die erfundene Wirklichkeit. Wie wissen wir, was wir zu wissen glauben? Beiträge zum Konstruktivismus. München 4. Aufl. 1986
- Welsch, W.: Ästhetisches Denken. Stuttgart 1995 (4. Aufl.)
- Werning, R.: Konstruktivismus. In: Pädagogik, Heft 7–8/1998, S. 39–41
- Wies, H.: Lust am Lernen. Eine Ausstellung über deutsche Reggio-Projekte. In: Betrifft Kinder H. 6/7 2008, S. 12 – 15
- Wies, H. u.a.: Spinnen und Netze oder Wie Kinder das Lernen lernen. In: betrifft Kinder Heft 12/2006, S. 19 – 23
- Dies., H. u.a.: Briefe aus Reggio (1). In: betrifft Kinder Heft 11/2008, S. 17–19
- Zentrum für Kindheits- und Jugendforschung (Hrsg.): Wandlungen der Kindheit. Opladen 1993
- Zimiles, H.: Kommentar zu ausgewählten Aspekten der Reggio-Pädagogik. In: Fthenakis, W. E. u.a. (Hrsg.): Pädagogische Ansätze im Kindergarten. Weinheim 2000, S. 202–208

Internetadressen

Unter den folgenden Internetadressen sind Fachartikel zu verschiedenen Aspekten der Reggio-Pädagogik zu finden:

http://www.kindergartenpaedagogik.de/
http://www.bildungsserver.de/zeigen.html?seite=1920
http://www.dialog-reggio.de

Videos

- Grosser-Stoeppler, F.: Kleinkinderziehung in Reggio Emilia. Hamburg 1988
- Jensen, C.: Kann man eine Farbe spüren? Fipp Verlag, Berlin o.J.
- „Ich bin ganz verliebt in meine Spinne …, wie in dich, Matthias.“ Reggio-Pädagogik in der Kindertagesstätte Niki de St. Palle, Münster 2006

Bezug:
Hildegardisschule Münster
z. Hd. Karl Mair
Neubrückenstr. 17, 48143 Münster

Die Geschwindigkeit kommt einfach von alleine. Lust am Lernen. Dokumentation über Reggio-Projekte im Kindergarten. Münster 2008
Bezug:
Filmwerkstatt Münster
Gartenstr. 123, 48147 Münster

Elschenbroich, D. u. a.: Das Portfolio im Kindergarten. Weimar/Berlin 2008 (Buch u. DVD)

Diaserien

- Hermann, G.: Hier bin ich Kind … Kommunale Krippen in Reggio Emilia. 58 Dias/Cassette 50 min Sprechdauer
- Dies.: Vier Wände und noch mehr … Räume in kommunalen Krippen und Kindergärten in Reggio Emilia. 75 Dias/Cassette 55 min Sprechdauer
- Dies.: Schauen – Begreifen – Gestalten. Pädagogische Arbeit in kommunalen Krippen und Kindergärten in Reggio Emilia. 79 Dias/Cassette 60 min. Sprechdauer

  Die Medien können bei einigen Landesbildstellen ausgeliehen werden.

Kontaktadressen

Dialog Reggio
Sven Detering
Berndesallee 11, 55262 Heidesheim
Tel.: 06132–951846
http://www.dialog-reggio.de

ReMida
Am Born 19, 22765 Hamburg-Ottensen
www.remida.de

Informationen zu Möglichkeiten der Weiterqualifizierung zur Fachkraft für Reggio-Pädagogik finden Sie unter folgenden Links:

http://www.dialog-reggio.de/aktuelles/download/Reggiokonzept-1.pdf
http://www.paediko.de/index.php?id=312
http./www.ilf-mainz.de/veranstaltungen/index.html

Zeittafel zur Reggio-Pädagogik

1945 Gründung selbstverwalteter Kindertagesstätten in Reggio

1962 Einige selbstverwaltete Kindertagesstätten stellen einen Antrag auf Kommunalisierung

1963 Die erste kommunale Kindertagesstätte wird eröffnet *(Robinson Crusoe)*[HF]1964 Die zweite kommunale Kindertagesstätte wird eröffnet *(Anna Frank)*

1967 Übernahme der Trägerschaft der selbstverwalteten Kindertagesstätten durch die Stadt Reggio

1968 Verabschiedung des Gesetzes 444 (Absicherung staatlicher und kommunaler Trägerschaft vorschulischer Einrichtungen für Kinder von 3–6 Jahren)

1970 Gründung der kommunalen Koordinations- und Beratungsstelle

1970 Loris Malaguzzi wird offizieller Koordinator der kommunalen Kindertagesstätten

1970 Kunsterzieher/innen werden in den Kindertagesstätten eingestellt

1970 Puppenspieler führen Workshops mit den Erzieherinnen durch

1971 Verabschiedung des Gesetzes 1044 (Errichtung und Finanzierung kommunaler Krippen)

1971 Die erste kommunale Krippe wird eröffnet

1971 Erster Kongress zur Reggio-Pädagogik in Reggio

1972 G. Rodari führt Workshops zur Phantasieförderung durch

1972 Zweiter Kongress zur Reggio-Pädagogik in Reggio

1976 Die Reggio-Pädagogik wird in einer 6-tägigen Rundfunkvortragsreihe scharf kritisiert

1979 Die Reggio-Pädagogik wird international zunehmend beachtet: u.a. intensiver Austausch mit Schweden

1981 Konzeption der Wanderausstellung „Hundert Sprachen hat das Kind“

1985 Loris Malaguzzi geht in den Ruhestand, Nachfolgerin wird C. Rinaldi

1990 Internationaler Kongress zur Reggio-Pädagogik in Reggio

1991 Die Zeitschrift Newsweek (USA) zeichnet die Kindertagesstätten in Reggio als weltbeste Einrichtungen aus

1995 Der Verein *reggio children* wird gegründet

1996 Das Erziehungsministerium will ein nationales Forschungs- und Dokumentationszentrum zur Reggio-Pädagogik aufbauen

2006 Eröffnung des *Loris Malaguzzi International Centre*